中國學術思想 研究輯刊

二 編

林 慶 彰 主編

第12冊

《淮南子》天道觀之研究

黃 淑 貞 著

花木蘭文化出版社

國家圖書館出版品預行編目資料

《淮南子》天道觀之研究／黃淑貞 著 -- 初版 -- 台北縣永和市：
花木蘭文化出版社，2008〔民97〕
目 2+162 面：19×26 公分
（中國學術思想研究輯刊 二編：第 12 冊）
ISBN：978-986-6528-13-2（精裝）
1. 淮南子　2. 研究考訂
122.27　　　　　　　　　　　　　　　　97016478

ISBN - 978-986-6528-13-2

9 789866 528132

中國學術思想研究輯刊
二　編　第十二冊　　　　　　　ISBN：978-986-6528-13-2

《淮南子》天道觀之研究

作　　者	黃淑貞
主　　編	林慶彰
總 編 輯	杜潔祥
出　　版	花木蘭文化出版社
發 行 所	花木蘭文化出版社
發 行 人	高小娟
聯絡地址	台北縣永和市中正路五九五號七樓之三
	電話：02-2923-1455 ／傳眞：02-2923-1452
網　　址	http://www.huamulan.tw 信箱 sut81518@ms59.hinet.net
印　　刷	普羅文化出版廣告事業
封面設計	劉開工作室
初　　版	2008 年 9 月
定　　價	二編 28 冊（精裝）新台幣 46,000 元

《淮南子》天道觀之研究

黃淑貞　著

作者簡介

黃淑貞，國立高雄師範大學國文系博士、碩士，現任亞洲大學通識教育中心助理教授；計有博士論文《西漢宮廷婦女形象之研究》、碩士論文《《淮南子》天道觀之研究》，及單篇論文〈台灣老人的見證者——談黃春明及其《放生》〉、〈試述杜十娘與莘瑤琴一悲一喜的人生結局對現代通識教育的啟示〉、〈試述后妃參政之影響〉、〈盛妝下的控訴—劉蘭芝與杜十娘最後尊嚴的捍衛〉、〈柳宗元傳記散文之作法與藝術特色〉上下、〈漢樂府詩中的婦女問題〉、〈論漢初學術發展之因由〉、〈「醉臥古藤陰下，了不知南北」——論秦觀詞的悲愴情調〉、〈淺析〈救風塵〉中所呈現的主題〉、〈陶淵明〈飲酒〉詩試探〉等等。

提　　要

　　天道觀是中國古代思想界重要的課題，從先秦自然界之天道觀，或人格意志之天道觀，至西漢二者合一，並且轉化成為人所當遵循之道，形成二千年來影響中國人深鉅的「天人合一」思想，而《淮南子》正處於這關鍵時期，因此本文以《淮南子》天道觀為題，探究其天道觀性質及其重要性。本文共分為六章：

　　第一章〈緒論〉：說明研究動機、目的、範圍與方法。

　　第二章〈《淮南子》之成書背景〉：以「客觀環境」與「主觀因素」切入問題的核心。前者以西漢的學術環境－黃老盛行、儒家式微、陰陽五行廣布、刑名法制運作及辭賦創作為主；後者以總編輯者劉安為論述中心。

　　第三章〈先秦思想界之天道觀〉：以《淮南子》有所承襲之儒家、道家、墨家、法家與陰陽家為論述中心，並對先秦思想界普遍之天道觀範疇作一大略介紹。

　　第四章〈《淮南子》天道觀之析論〉：首先論述《淮南子》天道觀之淵源，其次分為「混沌恍惚」、「先天地生」、「生乎自然」、「無所不在」、「恆常不變」、「虛無寂靜」、「柔弱之說」及「陰陽與氣」八點來說明《淮南子》天道觀之性質；再者以「無為而無不為」與「造分天地、化生萬物」來說明《淮南子》天道觀之作用；最後論述《淮南子》天道觀與萬物之間的關係，將天道與人道的結合作充分的發揮。

　　第五章〈《淮南子》天道觀對後世之影響〉：以思想、文學、美學及宗教為論述中心。

　　第六章〈緒論〉：綜合論述本論文之研究心得。

目
次

第一章 緒 論

第一節 研究動機與目的

　　《淮南子》亦稱《淮南鴻烈》、《淮南內篇》、或《淮南王書》等，共二十一卷。為何一本書可以有這麼多名稱？

　　稱《淮南鴻烈》是來自於東漢・高誘注解本書時言：「號曰《鴻烈》。鴻，大也；烈，明也。以為大明道之言也。」後來劉向校書時，又加上「淮南」二字，成為《淮南鴻烈》這一書名；而《淮南內篇》則是來自於班固《漢書・藝文志》雜家類錄有《淮南內》二十一篇，與《漢書・淮南衡山濟北王傳》記載劉安「招致賓客方術之士數千人，作為內書二十一篇，……」中的《內書》二十一篇一致；至於《淮南王書》曾在王充《論衡》一書提及，胡適先生在其《中國中古思想史長編》第五章亦以〈淮南王書〉為題，論述其思想大要。然而由於《淮南子》這一書名則是自《隋書・經籍志》以來延用至今，已廣泛流傳，因此本論文以此稱之。

　　《淮南子》並非淮南王劉安一人所著。《史記》與《漢書》皆有淮南王劉安本傳，《史記・淮南衡山列傳》只記載劉安「好讀書鼓琴」，並未提及其著書這件事；而《漢書・淮南衡山濟北王傳》則記載劉安「招致賓客方術之士數千人，作為內書二十一篇，外書甚眾，又有中篇八卷，言神仙黃白之術，亦二十餘萬言」，但是《漢書》並未言賓客與方術之士究竟為何人，高誘注言：「天下方術之士，多往歸焉。於是遂與蘇飛、李尚、左吳、田由、雷被、毛被、伍被、晉昌等八人，及諸儒大山、小山之徒，共講論道德，總統仁義，

而著此書。」可知《淮南子》一書是由劉安招集策劃，門下多位賓客，共同
參與創作完成的。

　　這本書雖然撰寫於二千年前的西漢時代，但是真正受到世人矚目，卻是
自清代開始〔註1〕，其中最主要的原因應是總編集人劉安特殊的身份與背景所
引發，這也是個人在深愛兩漢學術論著中，選擇《淮南子》一書做爲研究主
題的原因之一。個人認爲一個作家的生命氣質必然影響其學術涵養，而在困
頓中所形成的作品往往更能憾動人心，所以司馬遷在宮刑後有《史記》問世，
陶淵明在辭彭澤令後有〈歸去來辭〉流傳，文天祥在成仁取義之前有震憾天
地的〈正氣歌〉，因此像劉安這種孤臣孽子的心境，形諸於筆墨，更有其價值。

　　民國以來研究《淮南子》之學者，不乏其人，或譯註、或窮其義理，有
專書，有論文，亦有單篇作品。如：

　　李增《淮南子思想之研究論文集》與《淮南子》二本，前者爲華世書局
於74年出版，後者爲東大書局於81年出版；

　　呂凱《淮南子（神仙道家）》註釋，時報76年出版；

　　陳廣忠《淮南子譯注》，建宏書局85年出版；

　　熊禮匯《新譯淮南子》，三民書局86年出版；

　　至於學位論文則有：

　　麥文郁《淮南子引用先秦諸子考》，台大中文研究所碩士論文49年。

　　陳麗桂《淮南鴻烈思想研究》，師大國文研究所博士論文72年。

　　鄒麗燕《淮南子內篇與老莊思想之關係》，台大中文研究所碩士論文73
年。

　　吳順令《淮南子之政治思想研究》，師大國文研究所碩士論文73年。

　　劉智妙《淮南子無爲思想之研究》，高師國文研究所碩士論文78年。

　　至於期刊論文則難以計數。

　　在這些論著中，並無專論《淮南子》之天道觀者，天道觀在中國古代的
思想界是一重要的課題。從先秦自然之天道觀或人格意志之天道觀，至西漢

───────────────

〔註1〕由於本文著重在義理方面的闡述，因此有關版本考據方面，則略而不談，如
　　　　欲了解清人研究《淮南子》的情形，可參考于大成〈六十年來的淮南子學〉、
　　　　鄭良樹〈淮南注校諸家述評〉與日人倉石武四郎〈淮南子考〉（以上轉引自陳
　　　　麗桂〈八十年來的《淮南子》研究目錄〉一文，收錄於《書目季刊》第二十
　　　　五卷第三期P48）。本論文蒐集有關《淮南子》之版本，主要是於引用原典時
　　　　的正確性。

二者合一，並且將之轉化成為人所當遵循之道，形成二千年來影響深鉅的「天人合一」思想，而《淮南子》正處於這關鍵的時代，因此本論文擬探討《淮南子》天道觀的淵源與內容特色，及其影響，同時探討其在西漢的學術地位，希望能在此一領域中做出些微的貢獻。

第二節　研究範圍與方法

　　本論文對《淮南子》的研究，以其天道觀及其所涉之相關問題為探討範圍，因此舉凡《淮南子》書中所呈現天道之性質、作用，及其與宇宙萬事萬物之間的關係，都是本論文所關注的主題；而先秦思想界的天道觀，因為是《淮南子》天道觀所承襲的源頭，因此亦是探討的範圍；至於《淮南子》成書的學術背景、及其對後世直接、間接的影響，理所當然亦在探討的範圍之列。

　　本論文的研究方法，依下列步驟進行：

　　一、訂立題目：由於個人對兩漢學術興趣濃厚，因此首先將研究的範圍限於兩漢的學術論著，而後發現兩漢學術論著中，《淮南子》尚有深究探討的空間，在與指導老師溝通討論後，認為《淮南子》仍有研究的價值，因此將範圍界定在《淮南子》天道觀的問題上，於是擬定研究題目為「《淮南子》天道觀之研究」。

　　二、研讀原典：首先對《淮南子》二十一篇多次詳加閱讀，以天道的性質、作用、及與萬物之關係，做初步的分類，並將閱讀的心得載於筆記中，遇有問題則與指導老師討論。而相關性資料的研讀，必求詳實，以期觸類旁通。

　　三、蒐集資料：分三個部分進行，第一個部分，舉凡涉及天道思想的書籍，或相關性期刊論文，進行蒐集的工作；第二個部分，關於《淮南子》的版本〔註2〕，及相關性論著，或學術論文、期刊論文，皆在蒐集之列；第三個部分，天道觀對後世相關學術的影響，其有關資料亦在蒐集之列。同時對所蒐集的資料進行初步的瀏覽與分類。

〔註 2〕本論文所引《淮南子》之原典，基本上以楊家駱主編《中國思想名著》之一《淮南子》為主，世界書局出版，73 年 9 月 11 版；並與王雲五主編，劉文典撰寫《淮南鴻烈集解》兩相對照，後收入臺灣商務《國學基本叢書》中，63年 1 月臺 2 版。

四、擬定綱目：將相關資料與閱讀心得歸納整理後，進而構思寫作大綱與細目，並與指導老師討論章節次第，展開爲期近乎一年的撰寫生涯。

五、分章撰寫：本文共分爲六章，撰寫內容概述如下：

第一章〈緒論〉：說明本論文之研究動機、目的、範圍與方法。

第二章〈《淮南子》之成書背景〉：本章以「客觀環境」與「主觀因素」來探究何以《淮南子》一書含蓋內容如此廣泛，前者以「黃老思想盛行」、「儒家思想式微」、「陰陽五行思想廣布」、「刑名法制之運作」、「辭賦創作」說明漢初的學術風氣與發展趨勢；後者則以總編者淮南王劉安本人「性好書樂，頗具才華」、「遭冤獄逼迫」、「廣納賓客」的生命氣質對於成書的影響。

第三章〈先秦思想界之天道觀〉：本章論述先秦思想界天道觀之概況，主要是以《淮南子》天道思想有所承襲的儒家、道家、墨家、法家、陰陽家爲主，並論述先秦思想界天道觀的主要稱謂與範疇。

第四章〈《淮南子》天道觀之析論〉：先對《淮南子》一書其思想究屬雜家或黃老道家作一探究，再進而對天道的性質、作用，及天道與萬物之間的關係作深入的析論。

第五章〈《淮南子》天道觀對後世之影響〉：《淮南子》的天道觀不僅有承先啓後的功能，由於其內容博雜，對後世的思想、文學、美學、宗教，皆有著深遠的影響，就思想界而言，玄學清談之自然主義、王充之無神論及宋儒之氣化宇宙論，無不直接、間接受《淮南子》天道觀影響；而文學中的神話傳說、小說戲劇、辭賦駢文，及美學中的自然之道與形、氣、神，皆有《淮南子》當初傳「道」的影子，至於道教的形成，《淮南子》更功不可沒。

第六章〈結論〉：綜合歸結本論文之研究要點。

第二章　《淮南子》之成書背景

　　《淮南子》非一人之著，今傳二十一篇，除〈要略〉一篇爲全書總要之外，其餘二十篇內容含蓋哲學、政治、倫理、經濟、天文、地理、軍事等等，可說是「牢籠天地，博極古今」（唐·劉知幾《史通》）。本書內容何以如此廣泛，幾乎含括所有的學術，如此之巨著必定有其獨特之成書緣由，因此本章將試著綜合「客觀環境」與「主觀因素」分別考察說明其成書之背景。

第一節　客觀環境

　　淮南王劉安將其與賓客所合著的《淮南子》一書，於建元二年呈獻漢武帝〔註1〕，時武帝初登基，大權尚操在「好黃帝、老子言，帝及太子諸竇不得不讀黃帝、老子，尊其術。」（《史記·外戚世家》卷四十九）的竇太后之手，可知當時黃老道家之學非常盛行〔註2〕。然而漢初黃老之道家思想並不完全等

〔註 1〕 徐復觀先生認爲「武帝即位，劉安入朝獻所作淮南內篇（即現稱之淮南子），……當在建元元、二年之間……」（見《兩漢思想史》卷二 P178）。但筆者僅認同獻書是在建元二年，並不認同在建元元年的說法。《史記·淮南衡山列傳》卷一百一十八記：「及建元二年，淮南王入朝。」又《漢書·淮南衡山濟北王傳》卷四十四記：「初，安入朝，獻所作內篇，新出，上愛秘之。」《史記》明白點出劉安入朝是「在建元二年」；而《漢書》所言「內篇」爲《淮南子》已爲定論，至於「初，安入朝」，筆者認爲以武帝在位長達五十四年之久，「初」並非指建元元年武帝「初登基」，而是指「建元二年」，因爲「建元二年」在武帝當皇帝生涯裡算是「初期」而已。

〔註 2〕 「黃老」一詞，歷來學者即爭論不休，大抵有二種說法：一是將黃老分開，「黃」是黃帝，「老」是老子；二是將黃老視爲一種新的學說，即稱爲「黃老道家」。所謂黃老道家是在理論內容上對先秦的道家有所承繼，並且吸收了陰陽儒墨

同於先秦老莊之道家思想，即司馬談〈論六家要旨〉所言「其爲術也，因陰陽之大順，采儒墨之善，撮名法之要，與時遷移，應物變化」（《史記‧太史公自序》卷一百三十），由「采儒墨之善，撮名法之要」可知漢初的黃老道家思想實已摻雜了「陰陽儒墨名法」：陰陽家「序四時之大順，不可失也」；儒家「序君臣父子之禮，列夫婦長幼之別，不可易也」；墨家「僵本節用，不可廢也」；法家「正君臣上下之分，不可改矣」；名家「正名實，不可不察也」。這反映了當時的學術風氣應屬百花綻放，包容各家學說意見，學術文化朝多元化發展的時期；直至武帝獨尊儒術，罷黜百家，以政治力量統疇學術導向，才形成學術文化朝單一軌道發展的形勢。

　　《淮南子》的成書時間既是在武帝獨尊儒術之前，其所處的學術環境，氣氛當然是活潑生動，無怪乎其內容含蓋如此之廣闊。茲分別就《淮南子》成書期間之黃老思想、儒家思想、陰陽思想及刑名思想等主要思想流派之發展概況，與其當時之文學潮流略加探就，藉明《淮南子》成書之客觀環境。

一、黃老思想盛行

　　大抵而言，從紀元前 206 年，漢高祖劉邦即位，至武帝建元六年（紀元前 135 年）竇太后死，翌年元光元年（紀元前 134 年），武帝採董仲舒〈賢良對策〉（見《漢書‧董仲舒傳》卷五十六）建議，獨尊儒術，罷黜百家爲止，前後約七十年光景，可稱之爲「黃老時期」，黃老思想在此時不僅是政治的指導，更形成了一股社會風潮，其所以盛行之原因可歸納爲二點：

（一）執政者之提倡

　　首先將黃老思想正式落實來指導政治的是惠帝時的齊丞相曹參，《史記‧曹相國世家》卷五十四記載：

> 孝惠帝元年，除諸侯相國法，更以參爲齊丞相。參之相齊，齊七十
> 城。天下初定，悼惠王富於春秋，參盡召長老諸生，問所以安集百
> 姓，如齊故（俗）諸儒以百數，言人人殊，參未知所定。聞膠西有
> 蓋公，善治黃老言，使人厚幣請之。既見蓋公，蓋父爲言治道貴清

名法各家學說的精華，其形成於戰國末期、秦漢之際，而興盛於西漢初期。由《史記》中的〈曹相國世家〉、〈陳丞相世家〉、〈老子韓非列傳〉、〈孟子荀卿列傳〉、〈樂毅列傳〉、〈儒林列傳〉等等數十篇出現「黃老」或「黃帝老子」的連稱，可知黃老道家思想在漢初的盛況。

靜而民自定，惟此類其言之。參於是避正堂，舍蓋公焉。其治要用
黃老術，故相齊九年，齊國安集，大稱賢相。

《史記・樂毅列傳》卷八十中史記載了曹參的師承關係：

樂臣公學黃帝、老子，其本師號曰河上丈人，不知其所出。河上丈
人教安期生，安期生教毛翕公，毛翕公教樂瑕公，樂瑕公教樂臣公，
樂臣公教蓋公。蓋公教於齊高密、膠西，爲曹相國師。

我們並不知道在當時有多少類似的承傳支系，但是從曹參任齊相九年，「齊國
安集」的情況來看，可以得知曹參是個成功落實黃老思想於政治運作的人。
後來他代蕭何爲漢相，以「清靜而民自定」的治術，流傳了「蕭規曹隨」的
美談。

再者，促進黃老思想大力盛行的應屬文帝之后竇氏。她本身非常喜好黃
老思想，更令太子及其子弟都得研讀黃老的書籍。竇后在朝廷中曾供養了一
位精通黃老學說的處士王生，在一次的公卿大會，王生的襪帶鬆了，回頭叫
當時最高執法官張釋之爲他結襪，而張釋之也爲他結襪了。王生解釋此行爲：

吾老且賤，自度終亡益於張廷尉。廷尉方天下名臣，吾故聊使結襪，
欲重之。（《漢書・張馮汲鄭傳》卷五十）

後「諸公聞之，賢王生而重釋之」（同上）。受到一位黃老大師的賞識，能夠
提高一位公卿大夫的身價，可知當時倚著竇后的黃老思潮，地位是如何崇高。
武帝初，竇后仍掌控大權，黃老思想當然是主導政治的力量，直到建元六年
竇后過世，武帝才採董仲舒的建議，將儒術搬上檯面，可見黃老在漢初影響
之深之大。

（二）社會之需求

歷經戰國二百餘年〔註3〕的紛擾併爭，秦朝十五年的苛政嚴刑，加以楚漢
的八年相爭，當時高祖所得的天下，是「肝腦塗地，父子暴骨中野，不可勝
數，哭泣之聲，傷痍者未起」（《史記・劉敬叔孫通列傳》卷九十九），《漢書・
食貨志上》卷二十四也記載：

漢興，接秦之敝，諸侯並起，民失作業，而大饑饉。凡米石五千，

〔註3〕舊史以周威烈王二十三年（紀元前403年），韓趙魏三家分晉，列爲諸侯，與
秦楚燕齊共爲七國起，至秦始皇26年（紀元前121年）統一中國止，爲戰國
時代。今多以紀元前475年（周元王元年）至紀元前121年爲戰國時代。當
時各諸侯大國連年交戰，因而得名。

> 人相食，死者過半。高祖乃令民得賣子，就食蜀漢。天下既定，民
> 亡蓋臧，自天子不能具醇駟，而將相或乘牛車。

這段記載充分刻畫出當時百姓的生活是如何困苦，民生是如何凋敝！即使是貴為天子亦不能駕馳鈞色的駟馬，將相諸侯也只能乘牛車，經濟的殘破可見一斑。在這樣的環境下確實是須要休養生息，因此黃老的無為清簡政策正是此時最佳的選擇。

文帝對黃老的熱心，雖然不及竇太后，但是他的行事卻是奉守著老子的三寶〔註4〕，《漢書・文帝紀・讚》卷四：

> 孝文皇帝即位二十三年，宮室苑囿車騎服御無所增益。有不便，輒
> 弛以利民。嘗欲作露臺，召匠計之，直百金。上曰：「百金，中人十
> 家之產也。吾奉先帝宮室，常恐羞之，何以臺為！」身衣弋綈，所
> 幸慎夫人衣不曳地，帷帳無文繡，以示敦朴，為天下先。治霸陵，
> 皆瓦器，不得以金銀銅錫為飾，因其山，不起墳。

這是文帝奉行老子三寶的其中一寶：「儉」的表現，太史公稱讚文帝在位二十三年，竟然宮室、苑囿、車騎、服御都沒有增加，可見文帝本身的清簡，連造一個露臺都因為所貲是十戶中等家庭的資產而作罷！這種不願擾民，不肯增加百姓的負擔，正是文帝將其所遵從的黃老精神內化於生命本質中。

漢初的開國君臣明白「困擾過的老百姓，需要的是休息；威逼過的老百姓，需要的是安靜；橫征暴歛過的老百姓，需要的是薄賦」（見勞榦《秦漢史・序》），因此採取黃老思想的無為清簡政策，「徹上徹下，以清儉為天下示範，以簡馭繁，以定馭疲，以易馭難」（同上）。終於從「老弱轉糧饟，作業劇而財匱」（《史記・平準書》卷三十）蕭條殘敗的經濟景象，歷經高祖、惠帝、呂后、文、景五朝的休養生息之後，到武帝時已「非遇水旱之災，民則人給家足，都鄙廩庾皆滿，而府庫餘貨財。京師之錢累巨萬，貫朽而不可校。太倉之粟陳陳相因，充溢露積於外，至腐敗不可食。眾庶街巷有馬，阡陌之間成群，而乘字牝者儐而不得聚會。」（同上）富裕景象。這種從無到有，從有到剩，正是黃老思想在漢初徹底與民休養生息最好的證明。

綜合以上可知黃老思想在漢初盛行的緣由，一方面是經過秦末紛亂與楚漢相爭，此時的天下殘破不堪，民不聊生，而黃老思想的清簡無為，與民休

〔註4〕《老子》六十七章：我有三寶，持而保之。一曰慈，二曰儉，三曰不敢為天下先。慈故能勇，儉故能廣，不敢為天下先，故能成器長。

養，正是恢復經濟最好的時機；另一方面加上執政者的大力提倡，終於締造了享譽史壇的「文景之治」。

　　《淮南子》的成書正逢黃老思想盛行，〈原道訓〉云：「所謂無爲者，不先物爲也；所謂無不者，因物之所爲。」意思是爲政應順萬事萬物的特性，不在事情尚未發生之前就先行動。這時漢初的百姓正須要休養生息，其特性便是要清簡無爲，不應大肆舖張，如此方能順應時代的需求。在這種環境所成就之書，必然受其影響，因此高誘〈序〉評《淮南子》「其旨近老子」有其道理。

二、儒家思想式微

　　儒家思想在漢初可說是弱勢者，雖有陸賈、叔孫通等人提倡，然而只是慘淡經營，並未受到青睞，直到武帝採董仲舒「獨尊儒術」建議，使得儒學從此成爲中國學術之主流，長達二千餘年。究其在漢初沒落之因，大致上有二點：

（一）秦火之厄

　　就政治而言，漢初雖承繼秦朝的統治權；然學術則無所承繼，其因不外乎震驚古今的「焚書坑儒」事件。秦始皇採用丞相李斯之言，廢除百家之學，令百姓「以吏爲師」，除醫藥、卜筮、種樹之書外，其餘書籍皆禁止百姓收藏，並下令焚毀百姓所藏之書，此即所謂「秦火之厄」。

　　事件發生在秦始皇爲政第三十四年，原本只是僕射周青臣與博士淳于越在爭論郡縣與封建的利弊，然憎惡儒生的李斯，卻趁機慫恿秦始皇禁「私學」，而其具體方法竟是「禁書」：

> 今天下已定，法令出一，百姓當家則力農工，士則學習法令辟禁。今諸生不師今而學古，以非當世，惑亂黔首。……今皇帝并有天下，別黑白而定一尊。私學而相與非法教，人聞令下，則各以其學議之，入則心非，出則巷議，夸主以爲名，異取以爲高，率群下以造謗。如此弗禁，則主勢降乎上，黨與成乎下。禁之便。臣請史官非秦記皆燒之。非博士官所職，天下敢有藏詩、書、百家語者，悉詣守、尉雜燒之。有敢偶語詩書者棄市。以古非今者族。吏見知不舉者與同罪。令下三十日不燒，黥爲城旦。所不去者，醫藥卜筮種樹之書。若欲有學法令，以吏爲師。（《史記‧秦始皇本紀》卷六）

「私學」是學術自由發展的媒介，難免引發對政治之策的批評，也必然引起執政者的不悅；當時最常批評時政的就是儒生，因此李斯建議廢除私學，並焚毀儒生所閱讀的《詩》、《書》，控制天下的思想，不容許有其他與執政者不同的聲音存在。然而廢除私學即消滅一切的學術思想，李斯藉著政治的殘酷手段迫害儒生，扼止學術的發展，這種企圖在一統政權之後，又妄想進一步統一國家文化思想的發展，是促使國家走向毀滅之途的「最佳捷徑」，無怪乎秦始皇在批准焚書建議的七年後即亡國了！

焚書之後，民間挾書成為禁忌，因此有人攜簡帶策逃匿於山間，或將其藏於牆壁內，此時秦宮官藏的圖書尚能保存；後來楚漢之爭，秦宮為項羽燒毀，民間所藏的書籍也因戰亂而所剩無幾了！

漢初雖有叔孫通頒定朝儀，然「有敢偶語詩書者棄市」的可怕陰影，在學者心目中一時仍然揮之不去，且天下所藏之詩書幾乎蕩然無存，而平民出身的漢帝又對儒家的繁文縟節倍感厭煩。在這樣的環境下，儒家難以有一點地位，直到惠帝四年，才除「挾書律」（《漢書・惠帝紀》卷二），儒家學術的傳承始現一線曙光。

（二）黃老之盛

儒家思想在漢初式微的另一因是黃老之學盛行，漢初君臣重視黃老清簡無為的思想，雖然有陸賈和叔孫通等大力提倡儒學，但終就寡不敵眾。茲舉二例，以明漢朝的開國君主心喜簡易的黃老思想，而厭惡儒學的概況：

> 賈時時前說稱詩書。高帝罵之曰：「乃公居馬上得之，安事詩書！」賈曰：「馬上得之，寧可以馬上治乎？」且湯武逆取而以順守之，文武並用，長久之術也。昔者吳王夫差，智伯極武而亡；秦任刑法不變，卒滅趙氏。鄉使秦以并天下，行仁義，法先聖，陛下安得而有之？高帝不懌，有慚色，謂賈曰：「試為我著秦所以失天下，吾所以得之者，及古成敗之國。」賈凡著十二篇。每奏一篇，高帝未嘗不稱善，左右呼萬歲，稱其書曰新語。（《漢書・酈陸朱劉叔孫傳》卷四十三）

> 高帝悉去秦儀法，為簡易。群臣飲爭功，醉或妄呼，拔劍擊柱，上患之。通知上益厭之，說上曰：「大儒者難與進取，可與守成。臣願徵魯諸生，與臣弟子共起朝儀。」高帝曰：「得無難乎？」通曰：「五

帝異樂，三王不同禮。禮者，因時世人情爲之節文者也。故夏、殷、
周禮所因損益可知者，謂不相復也。臣願頗采古禮與秦雜就之。」

上曰：「可試爲之，令易知，度吾所能行爲之。」（同上）

由上述二例可知高祖雖然稱讚陸賈的《新語》，並採用叔孫通所制定的朝儀，
然打從心底依然是瞧不起儒家思想的。前者得之天下是「馬上得之」的戰士，
而非「安事詩書」的儒生；後者對儒家的繁禮，心存畏懼，雖然後來叔孫氏
所定之朝儀使高祖「吾乃今日知爲皇帝之貴也」（同上），然由此可知儒家思
想欲在重清簡、厭煩瑣的漢初立足，是很難的了。

　　《淮南子》的成書正是黃老思想盛行，且儒家思想尚未被定於一尊之時，
所以其書內容「旨近老子」，偏向道家思想；但是由於《淮南子》並非奉旨寫作，
其作者群中有「諸儒大山小山之徒」（高誘〈序〉），總編輯劉安尊重原作者思想，
因此《淮南子》一書中可發現大量引用《詩》、《易》、《禮》、《樂》、《春秋》，甚
至《論語》、《子思子》、《孟子》、《荀子》等儒家經典〔註5〕，如〈泰族訓〉：「詩
云：『懷柔百神，及河嶠嶽』」，是出自《詩‧周頌‧時邁》。儒家思想在《淮南
子》一書所佔的地位，並不因漢初儒家思想的受挫而跌落到谷底；一方面源於
當時活潑自由的學術風氣，另一方面是總編輯者劉安本身的文藝氣息所致：「淮
南王安爲人好書、鼓琴，不喜弋獵狗馬馳騁。」（《漢書‧淮南衡山濟北王傳》
卷四十四），而成就《淮南子》這樣綜合性的學術著作。

三、陰陽五行思想廣布

　　陰陽之學出於羲和之官，《尚書‧洪範》始有五行之說。中國諸子百家學
術中，陰陽家思想可謂源遠流長，亦是影響後世民間最大的學術。從《史記》
與《漢書》的記載，可知其概況：

　　嘗竊觀陰陽之術，大祥而眾忌諱，使人拘而多所畏；然其四時之大
　　順，不可失也。……夫陰陽四時、八位、十二度、二十四節各有教
　　令，順之者昌，逆之者不死則亡，未必然也，故曰「使人拘而多畏」。
　　夫春生夏長，秋收冬藏，此天道之大經也，弗順則無以爲天下綱紀，
　　故曰「四時之大順，不可失也」。（〈論六家要旨〉）

〔註 5〕除上述所言之外，《淮南子》尚引用《老子》、《莊子》、《呂氏春秋》、《公孫尼
　　　　子》、《商君書》、《列子》、《尸子》、《管子》、《慎子》、《孫子》、《韓非子》、《晏
　　　　子春秋》、《戰國策》、《禮記》、《尚書》、《楚辭》等。

> 雖然，禍不妄至，福不徒來，天地合氣，以生百財。陰陽有分，不
> 離四時，十有二月，日至爲期。(《史記・龜策列傳》卷一百二十八)
>
> 陰陽家者流，蓋出於羲和之官，敬順昊天，歷象日月星辰，敬授民
> 時，此其所長也。(《漢書、藝文志》)

中國自古以農立國，農人感觸最深莫過於四季的變化。由上述可知漢代陰陽
五行的思想配合一年四季，也配合二十四節氣，從而生演出「春生、夏長、
秋收、冬藏」。而這個觀念則是建立在陰陽結合的變化上：

> 春時，陽始長，陰始消，萬物得陽而萌生；……夏時，陽極盛，陰
> 極衰，萬物因陽而茂盛；……秋時，陽始消，陰始長，萬物遇陰而
> 零落；……冬時，陽極衰，陰極盛，萬物遭陰而凋殘；……(羅光
> 《中國哲學大綱》上 P27 商務)

世皆以戰國騶衍爲陰陽家之祖〔註 6〕，《史記・孟子荀卿列傳》卷七十四有一
小段簡述騶衍陰陽五行之說：

> 騶衍睹有國者益淫侈，不能尚德，若大雅整之於身，施及黎庶矣。
> 乃深觀陰陽消息而作怪迂之變，終始、大聖之篇十餘萬言。其語閎
> 大不經，必先驗小物，推而大之，至於無垠。先序以上至黃帝，學
> 者所共術，大並世盛衰，因載其禨祥度制，推而遠之，至天地未生，
> 窈冥不可考而原也。先列中國名山大川，通谷禽獸，水土所殖，物
> 類所珍，因而推之，及海外人所不能睹。稱引天地剖判以來，五德
> 轉移，治各有宜，而符應若茲。以爲儒者所謂中國者，於天下乃八
> 十一分居其一分耳。

〈孟荀列傳〉所述騶衍學說爲「觀陰陽消息」，推測禨祥「稱引天地剖判以來，
五德轉移，治各有宜」；其陰陽指天道變化，消息指盛衰而言，人稟天地之氣以
生，人之稟氣與天地之氣，各有相應，陰陽變化主宰人生，即俗所謂「時運」
或「運氣」(見周紹賢《漢代哲學》中華 P36)。五德即五行：木火土金水，五

〔註 6〕其實先秦典籍已有透露陰陽五行思想，如《中庸》第二十四章：「國家將興，
　　　必有禎祥；國家將亡，必有妖孽。見乎蓍龜，動乎四體。禍福將至，善，必
　　　先知之；不善，必先知之。」《論語・子罕》：「鳳鳥不至，河不出圖，吾已矣
　　　夫。」《易・繫辭上》：「易有太極，太極生兩儀，兩儀生四象，四象生八卦。」
　　　其他如《尚書》、《禮記》、《左傳》、《國語》等等皆有陰陽五行言語的記載。
　　　因此陰陽思想並非始自騶衍，大凡一種思想學說，必有一段蘊釀時期，至時
　　　機成熟時，即大放光明，而騶衍正逢此成熟時期，因而被推爲陰陽家始祖。

行相生相剋，循環相勝，如木生火，火生土，土生金，金生水，水生木，木又生火，此爲相生之序；而木剋土，土剋水，水剋火，火剋金，金剋木，木又剋土，此爲相剋之序。這原是騶衍「尚德」的主張，後來卻演變爲災異吉凶的陰陽五行之說。這套陰陽五行在戰國末期已大爲流行，到了秦漢則廣受歡迎，西漢大儒如董仲舒、京房、劉向等，莫不受其影響，多以五行生剋之理說經、證經。是以漢武帝雖獨尊儒術，然陰陽五行思想已是無孔不入了〔註7〕。究其在漢初廣布之原因如下：

（一）君主崇尚

漢代君主大都迷信，以高祖爲例，其爲亭長時，曾夜行澤中，因大蛇當道而拔劍斬之，遂有「白帝子爲赤帝子所斬」之謠，後爲沛公，爲附和斬白帝子的謠傳，旗幟皆爲紅色；翌年「東擊項籍而還，入關，問：『故秦時上帝祠何帝也？』對曰：『四帝，有白、青、黃、赤帝之祠。』高祖曰：『吾聞天有五帝，而有四，何也？』莫知其說。於是高祖曰：『吾知之矣，乃待我而具五也。』乃立黑帝祠，命曰北畤。」（《史記‧封禪書》卷二十八）黑是水色，高祖欲以水德自居，因而北平侯張蒼「推五德之運，以爲漢當水德之時，尚黑如故」（《史記‧張丞相列傳》卷九十六），此一來符合高祖立黑帝祠，二來認爲秦得天下僅十四年即亡，可不承認其帝位，漢乃是承周朝而立的王朝〔註8〕。

〔註7〕儒家思想在兩漢的陷落，其來有自：其一倡導獨尊儒術的董仲舒，其主要學術著作《春秋繁露》即充滿陰陽五行思想；其二由前註可知先秦儒家典籍已蘊含陰陽五行的觀念，埋下儒家思想與陰陽思想容易相混的導火線；其三司馬遷將騶衍與儒家代表人物孟子、荀子合傳，定有其道理，戰國末期已有部分儒生轉爲他家思想，如李斯由儒家轉爲法家，離戰國時期不遠的西漢，司馬遷將騶衍尚歸在儒家，到東漢陰陽思想已如火如荼在各學術界漫延，班固便將其著作《鄒子》四十九篇及《鄒子終始》五十六篇歸在「陰陽家」著作中；其四爲何儒家在董仲舒倡導獨尊之後，反而陷落了？因爲「獨尊」則無法與其他學派競爭，也無法吸收其長處，而一些想獲得博士的讀書人，爲了表示研究有成，只好標新立異，製造了許多陰陽災異的書，首當其衝的便是儒家典籍，如六經便有所謂的《易緯》、《書緯》、《詩緯》等等。在此情況下，儒家思想可不陷落？

〔註8〕《呂氏春秋‧應同篇》：「黃帝之時，天先見大螾大螻，黃帝曰『土氣勝』，土氣勝，故其色尚黃，其事則土。及禹之時，天先見草木秋冬不殺，禹曰『木氣勝』，木氣勝，故其色尚青，其事則木。及湯之時，天先見金刃生於水，湯曰『金氣勝』，金氣勝，故其色尚白，其事則金。及文王之時，天先見火，赤鳥銜丹書集於周社，文王曰『火氣勝』，火氣勝，故其色尚赤，其事則火。代火者必將水，天且先見水氣勝，水氣勝，故其色尚黑，其事則水。」《呂氏春

　　而對漢初經濟恢復頗有貢獻的文帝，也是個迷信之徒，僅因夜裡夢見黃頭郎推他上天，便封以黃巾包頭的鄧通為上大夫〔註9〕，且徘徊在五行終始而猶豫是否該改制。其博士賈誼「以為漢興至孝文二十餘年，天下洽和，而固當改正朔，易服色，法制度，定官名，興禮樂，乃悉草具其事儀法，色尚黃，數用五，為官名，悉更秦之法」（《史記‧屈原賈生列傳》卷八十四），賈誼主張漢滅秦，應以土德王。因為秦統一天下，雖然僅十四年即亡，但是如果自莊襄王滅周，至孫子嬰降漢，也有四十三年，這是不能忽視的，當時文帝並沒有採納。後來公孫臣亦主張以土德王：「始秦得水德，今漢受之，推終始傳，則漢當土德，土德之應黃龍見。宜改正朔，易服色，色尚黃。」（〈封禪書〉）然當時丞相為主張漢乃水德的張蒼，因此公孫臣的建議亦不為文帝接受，後來黃龍見於成紀，文帝雖拜公孫臣為博士，但乃未決定改制之事，直到武帝才正式改制，以土德王，色尚黃。

　　貴為天子猶如此迷信，更何論一般平民百姓！高祖尚且順從謠傳，以自己的認知立黑帝祠；而文帝因眾人之說皆有理，反不知所從。可見當時陰陽五行在漢初廣布的情形，至西漢末更是氾濫到極點。

（二）秦火之助長

　　陰陽思想在漢初廣布，另一因是秦火的助長。上述言秦始皇焚書，只留「醫藥、卜筮、種樹」三類書，而《易》本為占卜之書，其否泰循環之理與陰陽五行生剋之說頗為近似，傳承自然較之他書盛，《漢書‧儒林傳》卷八十八云：

> 及秦禁學，獨不禁，故傳受者不絕也。

而熟習《易》甚至還可以為官：

> 漢興，田何以齊田徒杜陵，號杜田生，授東武王同子中、雒陽周王孫、丁寬、齊服生，皆著易傳數篇。同授淄川楊何，字叔元，元光

秋》列舉黃帝、夏、商、周四代的興替，認為其分別是木代土、金代木、火代金，從中預言水德將取代周之火德。《史記‧秦始皇本紀》記載：「始皇推終始五德之傳，以為周得火德，秦代周德，從所不勝。方今水德之始，改年始，朝賀皆自十月朔。」然而高祖認為秦得天下僅十四年，因而漢高祖認為自己才是承周之水德。

〔註9〕《史記‧佞幸列傳》卷一百二十五：「孝文帝夢欲上天，不能，有一黃頭郎從後推之上天，顧見其衣裻帶後穿。覺而漸之臺，以夢中陰目求推者郎，即見鄧通，其衣後穿，夢中所見也。召問其名姓，姓鄧氏，名通，……於是文帝賞賜通巨萬以十數，官至上大夫。」

中微爲太中大夫。齊即墨成，至城陽相。廣川孟但，爲太子門大夫。
魯周霸、莒衡胡、臨淄主父偃，皆以易至大官。要言易者本之田何。
（同上）」

可見漢初學《易》所受的禮遇，相對地，對陰陽思想的廣布有推波助瀾之勢。

《淮南子》的成書，陰陽五行已甚爲廣布，值得慶幸是當時儒術尙未獨
尊，百家學術尙未完全摻雜陰陽災異，因此《淮南子》書中有關陰陽思想部
分，並未全充滿迷信災異，但是仍受了相當程度的影響，如〈天文訓〉：

人主之情，上通於天。故誅暴則多飄風，法苛則多蟲螟，殺不辜則
國赤地，令不收則多淫雨。

又〈泰族訓〉：

聖人者，懷天心，聲然能動化天下者也。故精誠感於內，形氣動於
天，則景星見，黃龍下，祥鳳至，醴泉出，嘉穀生，何不滿溢，海
不溶波。

此一典型「天人感應」的思想模式，其實在〈要略〉一篇，《淮南子》總評先
秦各家，獨不評及陰陽家與道家，已知《淮南子》所持的立場爲陰陽家與道
家思想是相融合的。

四、刑名法制之運作

前述漢初基於暴秦苛法之弊，與長年征戰，民生經濟殘破不堪的迫切需
要，不得不走向黃老清靜無爲之路。但就另一方面而言，漢初承秦制，其統
治作風不免有秦朝法家嚴厲政治的翻版。因此所謂的黃老之術，即表面上實
行道家無爲政策，實際上卻是以法家的刑名爲手段工具。這看來似乎是矛盾
的，黃老無爲政策如何能與法家刑名作風並存？由以下二點我們可以得知兩
者確實是並存的，此成了漢初特殊的政治現象。

（一）秦制遺風

《史記・蕭相國世家》卷五十三云：

沛公至咸陽，諸將皆爭走金帛財物之府分之，何獨先入收秦丞相御
史律令圖書藏之。沛公爲漢王，以何爲丞相。項王與諸侯屠燒咸陽
而去。漢王所以具天下阨塞，戶口多少，彊弱之處，民所疾苦者，
以何具得秦圖書也。

榮赣先生曾如此稱讚蕭何：「在漢高帝功臣之中，蕭何並無汗馬功勞，但被列為元功之首，這是有道理的。……他明習秦代的法令，通達秦代的制度；到咸陽以後，他立即收取秦的圖籍，這一點除去保存文化的功勳不說，對於漢代建國的利用上，價值卻非常大。它包含了軍用地圖，包含了人口、賦稅、倉庫儲存數目字的統計，它包含了秦國的全部法典。……劉邦起白楚國，當他初入秦時，部下的官制還是漢式的，但當他做了漢王之後，他就全改成為秦式的組織。顯然的，是從蕭何的設計，使劉邦有繼承秦帝國的宏願。……尤其是以秦律為模範的漢律。」（《秦漢史》P21）這是漢承秦法的初步情況，以漢初全國殘破疲弊之狀，無為政策是最佳選擇，不應企圖再對百姓有所新立法，讓百姓無所適從；秦法雖然因過於嚴苛而導致亡國，然其讓漢有「法」可循，順利地與民充分休生養息，卻是有著某種程度上的意義。

曹參為人所稱頌的無為是「舉事無所變更，壹遵何之約束」（《漢書‧蕭何曹參傳》卷三十九），而蕭何所作的《九章》〔註10〕則帶有濃厚的秦法色彩，即曹參一方面打著清靜無為的旗幟，另一方面則執行刑名法制的治術。

漢代的律法政令既然是承襲秦制而來，必然存在著一定程度的嚴厲成分，因此即使歷經高、惠、呂后、文、景五朝的努力緩省，一時之間仍然無法盡除秦法的苛刻。高祖一入關便與人民約法三章「殺人者死，傷人及盜抵罪」（〈刑法志〉），然「雖有約法三章，網漏吞舟之魚，然其大辟，尚有夷三族之令。令曰：『當三族者，皆先黥、劓、斬左右止，笞殺之，梟其首，菹其骨肉於市。其誹謗詈詛者，又先斷舌。』故謂之具五刑」（同上），直到高后元年，才除三族罪、祅言令。文景治國雖然一再寬緩，然仍具有嚴苛的一面。文帝十三年雖因緹縈救父而廢除肉刑，卻奏准丞相張蒼、御史大夫馮敬的建議：

> 當黥者，髡鉗為城旦春；當劓者，笞三百；當斬左止者，笞五百；
> 當斬右止，……皆棄市。（同上）

事實上這只是「外有輕刑之名，內實殺人」（同上）的虛名，斬右足者改判死刑，比原先刑法嚴重，而劓刑者與當斬左足者往往受不了笞三百與笞五百的痛楚，未即已死。此印證文帝「本好刑名之言」（《漢書‧儒林傳》卷一百二十一），而景帝的嚴酷刻薄更甚於文帝，其雖在至中六年下詔：

> 加笞者，或至死而笞未畢，朕甚憐之。其減笞三百曰二百，笞二百
> 曰一百。又曰：「笞者，所以教之也，其定箠令。」（〈刑法志〉）

〔註10〕《漢書‧刑法志》卷二十三：「相國蕭何攗摭秦法，取其宜於時者，作律九章。」

甚至採丞相劉舍、御史大夫衛綰奏請「笞者，箠長五尺，其本大一寸，其竹也，末薄半寸，皆平其節。當笞者笞臀。毋得更人，畢一罪乃更人」（同上），刑法至此確已十分寬容，然景帝重用酷吏郅都與寧成〔註11〕，使得宗室豪傑惴恐不已，晁錯為鞏固中央集權而不惜己身性命，建議景帝採「削藩」政策，其下場卻因為景帝欲阻塞諸侯之口而「衣斬東市」（見《史記‧袁盎晁錯列傳》卷一百一）；而平定「七國之亂」有功的周勃，竟因「君侯縱不反地上，即欲反地下耳」的罪名，絕食而死（見《史記‧絳侯周勃世家》卷五十七）。景帝的嚴苛看來是不亞於文帝了。

由於可見漢初表面上是以黃老無為來與民休養生息，但另一方面卻因承秦遺風而以刑名法制來治國。其實若鑑於秦朝的亡國是由於苛政，高祖立國本不應當以法立教，然法有其實用性、約束性及特殊性，有其存在的必要。以應時代需求的無為，配合循名責實的執政辦法，既可以避免嚴而少恩的缺失，亦可吸收法家君臣上下職分的優點，形成漢初以「無為」為手段，以「治」為目地的特殊政治風貌。

（二）道法合一

《史記》一書將老子與韓非並列一傳，且論及韓非、申不害、慎到等法家人物，皆本於黃老：

> 韓非者，喜刑名法術之學，而其歸本於黃老。（〈老子韓非列傳〉卷六十三）

> 申子之學本於黃老而主刑名。（同上）

> 慎到，……學黃老道德之術，因發明序其指意。（〈孟子荀卿例傳〉卷七十四）

上述引文我們並不能確定法家思想的三位重要人物，其思想是源自於黃老，因為此說若是成立，則黃老思想即為法家思想的鼻祖〔註12〕，但是我們可以

〔註11〕《史記‧酷吏列傳》卷一百二十二：「郅都者，楊人也。以郎事孝文帝。孝景時，都為中郎將，敢直諫，面折大臣於朝。……是時民朴，畏罪自重，而都獨先嚴酷，致行法不避貴戚，列侯宗室見都側目而視，號曰『蒼鷹』。……寧成者，穰人也。以郎謁者事景帝。好氣，為人小吏，必陵其長吏；為人上，操下如束溼薪，……郅都死，後長安左右宗室多暴犯法，於是上召寧成為中尉。其治效郅都，其廉弗如，然宗室豪傑皆人人惴恐。」

〔註12〕見林聰舜先生所撰〈漢初黃老思想中的法家傾向〉一文，其提出五點質疑司馬遷謂申韓思想本於黃老的說法，難以確立。收於《漢學研究》第八卷第 2

確知黃老與刑名之間必定有相當程度的關係。

　　所謂「刑名」，即形名。形，指事物的形態；名，指事物的名稱。形名是指事物外在的「形」與其「名」相合，陳鼓應先生認為此主張最早出自春秋時鄭國大夫鄧析「好刑名，操兩可之說，設無窮之辭」（劉向《校序》）（《黃帝四經今註今譯》商務 P59），然而春秋時「刑名」並未連用，道家之書最早的《老子》雖然曾使用過「刑」、「名」的概念，但都只是單詞。如五十一章：「物將刑之」，此將「物」與「刑」共文。三十二章：「始制有名」，是指道產生萬物，萬物在有了「名稱」之後卻產生了紛爭。因此我們可以知道「刑名」應是戰國以後黃老學派與法家的重要概念：

　　　　物固有形，形固有名。（《管子‧心術上》）

　　　　凡物載名而來。（同上）

　　　　人主將欲禁姦，則審合刑名，刑名者，言與事也。為人臣者陳而言，
　　　　君以其言授之事，專以其事責其功。功當其事，事當其言，則賞；
　　　　功不當其事，事不當其言，則罰。（《韓非子‧二柄》）

而 1973 年出土的《黃帝四經》〔註13〕，其書內容有很多關於「刑名」的理論，提供了具體的線索：

　　　　欲知得失，請必審名察刑（形）。刑（形）恆自定，是我俞（愈）靜。
　　　　事恆自巸（施），是我無為。（〈十大經‧名刑〉）

此以「審名察刑」切入黃老的清靜無為，為人臣者如果能夠審名察刑，必能名實一致，進而全權掌控事物，無為而行自正，行正必然「言之壹，行之壹，得而勿失」（〈十大經‧行守〉），行之以「法」，乃成之以「道」。

　　《黃帝四經》「道生法」的觀念更是佐證了「道法」確是合一的：

　　　　道生法。法者，引得失以繩，而明曲直者殹（也）。故執道者，生法
　　　　而弗敢犯殹（也），法立而弗敢廢〔也〕。〔故〕能自引以繩，然後
　　　　見知天下而不惑矣。……故執道者之觀於天下殹（也），無執殹（也），
　　　　無處也，無為殹（也），無私殹（也）。是故天下有事，無不自為刑

　　期，79.12。
〔註13〕1973 年 12 月，在湖南長沙馬王堆三號漢墓發掘中，發現了一批非常有價值的
　　　　古代帛書，尤其是《老子》乙本卷前的古佚書〈經法〉、〈十大經〉、〈稱〉、〈道
　　　　原〉四篇為最重要，據唐蘭等學者考訂，認為這是《漢書‧藝文志》著錄已
　　　　久，而失傳的《黃帝四經》。見唐蘭撰〈馬王堆帛書老子乙本卷前古佚書的研
　　　　究〉，收於《考古學報》1975 年第 1 期。

（形）名聲號矣。刑（形）名已立，聲號已建，則無所逃跡匿正矣。
（〈經法‧道法〉）

《黃帝四經》以「道生法」的觀念結合道法，將老子的「道」摻入法家法治的觀念，轉化老子消極性的無爲，而成爲法家積極性的無爲。因此執法即行道，即遵守無執、無處、無私的循法無爲。

《漢書‧藝文志》言道家是「君人南面之術」，可見漢代（實指漢初）的道家思想是裏著相當濃厚的法家色彩；而道法合一亦可以避免因承秦遺風而「不別親疏，不殊貴賤，一斷於法，則親親尊尊之恩絕矣。可以行一時之計，而不可長用也」（〈論六家要旨〉）的缺失。因此我們可以確知漢初流行的黃老思想中，道家傾向的清靜無爲與法家傾向的刑名法制並非矛盾，而是相融合的。

《淮南子》一書是劉安的政治理想，其主張亦是認爲要實行「無爲而治」，〈主術訓〉開宗明義即言：

人主之術，處無爲之事，而行不言之教；清靜而不動，一度而不搖；因循而任下，責成而不勞。

「人主之術」在本書是具有相當程度的地位。

五、辭賦創作

《淮南子》書中文體舖陳，甚至以繁縟的文字形式表達他們的思想，如〈本經訓〉：

凡亂之所由生者，皆在流遁。流遁之所生者五：大構駕，興宮室，延樓棧道，雞樓井榦，標枺欂櫨，以相支持。木巧之飾。盤紆刻儼，贏鏤雕琢，詭文回波，淌游瀁減，菱杼紾抱，芒繁亂澤，巧僞紛挐，以相摧錯，此遁於木也。鑿污池之深，肆畛崖之遠，來谿谷之流，飾曲岸之際，積牒旋石，以純修碕，抑減怒瀨，以揚激波，曲拂邅迴，以像渦洿。益樹蓮菱，以食鱉魚，鴻鵠鶖鶊，稻粱饒餘，龍舟鷁首，浮吹以娛，此遁於水也。……

這濃縟繁華的修辭是論述身爲國君的人，如果放蕩淫逸，將造成禍亂。其用意頗佳，但是如此一來往往容易令讀者生厭，因此其在〈要略〉亦對此提出解釋：

總要舉凡，而語不剖判純樸，靡散大宗，懼爲人之惛惛然弗能知也，故多爲之辭，博爲之說，又恐人之離本就末也。故言道而不言事，

則無以與世浮沈；言事而不言道，則無以與化游息。

這應當是受了當時漢人辭賦創作的影響。漢高祖起於豐沛，當然特別重視楚聲。自賈誼寫〈弔屈原賦〉與〈鵩鳥賦〉以來，屈原的遭遇及〈離騷〉的文體，影響漢初文人甚深，帶動整個漢賦的文學風潮。劉安的賓客從事《淮南子》創作時，正當漢賦尚未受到朝廷政權干預時，從〈藝文志〉詩賦略中錄有〈淮南王賦〉八十二篇，〈淮南群臣賦〉四十四篇，《漢書》補注引王應麟言：「淮南王安招致賓客，客有八公之徒，分造詞賦，以類相從，或稱大山，或稱小山，如詩之有大、小雅。」可知劉安的賓客群亦沈浸在作賦的風潮之中，因而造就了《淮南子》文字的繁縟。且「當日的淮南是南部的一個文化中心」（胡適《中國中古思想史長編》下 P4），南方多楚聲，辭賦之風盛行，自然不在話下，《淮南子》文字多韻語，甚而奇字異文，其來有自。

　　《淮南子》的文字雖然濃麗繁縟，但是歷來的先賢大儒在寫作時，卻少有不採用《淮南子》，這是因為中國文學根柢皆在經史子中，「倘若能把《淮南子》這種書，好好的讀一讀，則為文之際，內容不致流於空洞，辭藻必不致陷於枯窘，結構也一定能夠變化百出，自然能使日夜無隙而與物為春，而取諸左右而無不逢其源了。」（于大成〈淮南子的文學價值〉收於《中國文學講話》（一）概說 P326）因此仍有其價值在。

　　綜觀上述，可知《淮南子》成書的客觀環境，是以辭賦的文學手法為基礎，黃老思想為主流，同時吸取其他諸子的長處，更是存在相當濃厚的法家傾向。在這種活潑生動的背景下，自然蘊育出如此具有綜合性質的偉大巨著。

第二節　主觀因素

　　由上文得知《淮南子》成書的客觀條件，是一學術風氣自由發展的社會環境，然而一個作家的生命氣質更是導引其書的思想內涵。因此《淮南子》成書的主觀因素，我們不能不加以探討，尤其是此鉅著的總編輯 —— 淮南王劉安個人的相關問題。

　　漢・高誘曾對《淮南子》作如此的恭維：「夫學者不論淮南，則不知大道之深也」（〈敘〉）此說良有以也，蓋《淮南子》一書集哲學、政治學、史學、倫理學、科學、經濟學、甚而軍事學等等於一書，規模相當龐大，展現出漢朝時代雄偉的氣魄。究其因由，一來是本書的總召集人劉安欲以此書作為統

治天下的典範，所以不得不面面俱到；二來是劉安門下的賓客眾多，其才能與思想各有專精，因而成就如此綜合性的巨著。本節就劉安本身的學術涵養，及其坎坷的政治生涯，與其眾多興完成此書的賓客作一大略的探究。

一、劉安性好書樂，頗具才華

　　據《漢書‧淮南衡山濟北王傳》卷記載，淮南王劉安是一位頗具書香氣息的王侯：

> 淮南王安爲人好書，鼓琴，不喜弋獵狗馬馳騁。亦欲以行陰德拊循
> 百姓，流名譽。招致賓客方術之士數千人，作爲内書二十一篇，外
> 書甚眾，又有中篇八卷，言神仙黃白之術，亦二十餘萬言。

由「爲人好書，鼓琴，不喜弋獵狗馬馳騁」可知劉安本性愛好書樂，因此才會招集賓客數千人著書。然而劉安的著作不只〈淮南衡山濟北王傳〉所記這二種，我們從《漢書‧藝文志》的記載，可知者至少有五種，茲述如下：

1. 淮南道訓二篇：淮南王安聘易者九人，號九師（法）〔說〕。收於〈六藝‧易〉。
2. 淮南内二十一篇：王安。
3. 淮南外三十三篇：註：内篇論道，外篇雜書。此二種收於〈諸子‧雜家〉。
4. 淮南王賦八十二篇。
5. 淮南王群臣賦四十四篇。此二種收於〈詩賦略〉。

　　而根據于大成先生的考訂（見《中國歷代思想家》二（劉安）P1010～2），另有下述二種，但可能皆爲後人所託：

1. 相鶴經：作者不知何所人也，託名浮丘伯或劉安，王安石《臨川集》有此文。
2. 淮南王養蠶經：亦爲後人所託。

　　此外，還有《淮南雜子星》、《太陽眞粹論》、《見機八宅經》、《還丹歌訣》、《兵書》、《琴頌》、《三十六水法》、《枕中記》等等，然皆已失傳。

　　由以上可見劉安著書頗豐，然劉安不僅著書甚多，且領悟力強，反應亦很快：

> 使爲離騷傳，旦受詔，日食時上。又獻頌德及長安都國頌。每宴見，
> 談說得失及方技賦頌，昏莫然後罷（《淮南衡山濟北王傳》）。

如此有才華，當然頗受亦愛好文藝的武帝喜歡，因此劉安才會想到在武帝即位後，洗刷其家族的冤獄（下敘），以其本身的才華，加上眾多賓客的集思廣益，完成《淮南子》這樣的曠世巨作。

二、遭冤獄逼迫

劉安生於漢文帝元年，卒於漢武帝元狩元年間（西元前 179 年至 122 年），年 57 歲，是漢高祖私生子淮南厲王長〔註14〕的兒子。厲王於文帝六年因謀反遷蜀嚴道而絕死於雍，劉長死後，文帝感到十分愧咎，問爰盎應該爲何？其回答：「獨斬丞相、御史以謝天下乃可。」（見《史記‧淮南衡山列傳》）爰盎當著文帝的面敢如此說，可見當時大家都知道這是一個冤獄。由以上可明白劉安在漢室中，背負著兩代（高祖、文帝）含冤的壓力。

〈要略〉一篇是說明著作《淮南子》之動機，類似今日的〈序〉，其中有一段話更直接指明劉安召集龐大的賓客群完成此書的目地何在：

> 若劉氏之書，觀天地之象，通古今之事：權事而立制，度形而施宜：原道之心，合三王之風。以儲與扈冶，玄眇之中，精搖靡覽，棄其畛挈，斟其淑靜：以統天下，理萬物，應變化，通殊類，非循一跡之路，守一隅之指，拘繫連之物，而不與世推移也。故置之尋常而不塞，布之天下而不窕。

劉安獻此書於武帝，正值武帝登基二年，年輕的皇帝初即位，想必欲展其雄才大略，劉安自稱此書爲「劉氏之書」，其目地昭然若揭，是爲統治天下的「劉氏」所作，他希望年輕皇帝的施政策略能以《淮南子》爲圭臬：

> 逮至當今之時，天子在上位，持以道德，輔以仁義，近者獻其智，遠者懷其德，拱揖指麾，而四海賓服，春秋冬夏，皆獻其貢職。天下混而爲一，子孫相代，此五帝之所以迎天德也。夫聖人者不能生時，時至而弗失也。輔佐有能，黜讒佞之端，息巧辯之說，除刻削

〔註14〕《史記‧淮南衡山列傳》卷一百一十八：「淮南厲王長者，高祖少子也，其母故趙王張敖美人。高祖八年，從東垣過趙，趙王獻之美人。厲王母得幸焉，有身。趙王敖弗敢內宮，爲築外宮而舍之。及貫高等謀反柏人事發覺，并逮治王，盡收捕王母兄弟美人，繫之河內。厲王母亦繫，告吏曰：『得幸上，有身。』吏以聞上，上方怒趙王，未理厲王母。厲王母弟趙兼因辟陽侯言呂后，呂后妒，弗肯白，辟陽侯不彊爭。及厲王母已生厲王，恚，即自殺。吏奉厲王詣上，上悔，令呂后母之，而葬厲王母真定。」

之法，去煩苛之事，屏流言之跡，塞朋黨之門。消知能，修太常，
隳肢體，絀聰明，大通混冥，解意釋神，漠然若無魂魄，使萬物各
復歸其根，則是所修伏羲氏之跡，而反五帝之道也（〈覽冥訓〉）

因此我們可以得知爲何此書幾乎囊括所有的學術於一身。這無非是因爲劉安
背負著兩代含冤的重擔，一直爲朝廷所側目，既逃過呂后剪除劉氏一劫，又
避開七國之亂的惡耗，此時逢年輕的武帝即位，當然想一改先人的冤情悲愁。
〈淮南衡山濟北王傳〉記載他頗受武帝的看重：

時武帝方好藝文，以安屬爲諸父，辯博善爲文辭，甚尊重之。每爲
報書及賜，常召司馬相如等視草乃遺。初，安入朝，獻所作內篇，
新出，上愛祕之。使爲離騷傳，旦受詔，日食時上。又獻頌德及長
安都國頌。每宴罷，談説得失及方技賦頌，昏莫然後罷。

以此觀之，身爲皇叔的劉安，在自己姪兒的庇陰下應該可以平步青雲，一掃
兩代冤死的陰霾，可是爲何劉安最後的下場是「自刑殺。后、太子諸所與謀
皆收夷。國除爲九江郡」（同上），這是因爲一方面他無法忘懷他父親遷死的
仇恨，另一方面門下的賓客眾多，難免龍蛇雜處，好事者又時時以此事刺激
他，鼓動他造反，結果卻爲人所告發。

再者，趙美人與劉長的冤死，使得劉安一直處於惴慄不安的心境中，因
此他當然會處心積慮地想改變朝廷對他是個判臣後代的看法，〈俶眞訓〉云：

夫鳥飛千仞之上，獸走叢薄之中，禍猶及之，又況編户齊民乎？由
此觀之，體道者不專在於我，亦有繫於世矣。……今矰繳機而在上，
網罟張而在下，雖欲翱翔，其勢焉得？

可知身爲諸侯王的劉安，對自己的命運感到相當不安，充滿悲觀與無奈的情
緒。於是召集眾多賓客，投注畢生的才華精力，成就《淮南子》這一偉大巨
著，趁著有遠大抱負的武帝即位獻書，書中內容雖顯廣泛，然其目地無非是
希望武帝能採納，視它爲治國方針；甚至「欲以行陰德拊循百姓，流名譽」（〈淮
南衡山濟北王傳〉），改變大家對他是個判臣後代的看法。這原本應該是一條
很美好的康莊大道，卻沒想到劉安自己意志力不夠堅定，最後竟欲登基爲帝，
而走上與他父親一樣謀反的路子，終死於非命。眞是令人惋惜！

三、廣納賓客

〈淮南衡山濟北王傳〉載劉安：「招致賓客方術之士數千人，作爲內書二

十一篇，外書甚眾，又有中篇八卷，言神仙黃白之術，亦二十餘萬言。」《漢書·藝文志》雜家類錄有《淮南內》二十一篇、《淮南外》三十三篇，這與〈淮南衡山濟北王傳〉所說《內書》、《外書》相一致〔註15〕，而所謂的賓客與方術究竟是那些人？高誘〈敘〉提到「於是遂與蘇飛、李尚、左吳、田由、雷被、毛被、伍被、晉昌等八人，及諸儒大山、小山之徒，共講論道德，總統仁義，而著此書。」因此可知「八公」與「諸儒大山、小山之徒」應是本書的撰寫人員，而劉安爲全書的總召集人。梁啟超先生說：「劉安博學能文，其書雖由蘇飛輩分纂，然其宗旨及體例，計必先行規定，然後從事；或安自總其成，亦未可知。」（《漢書藝文志諸子略考釋》轉引自《新譯淮南子·導讀》P2）。而「八公」與「諸儒大山、小山之徒」幾乎已不可考，只有雷被與伍被在《漢書》中有記載。《淮南衡山濟北王傳》中記載雷被與太子比劍之事，伍被反對劉安謀反之事，然這與著書似乎沒有多大關連，只有《漢書·蒯伍江息夫人傳》卷四十五有一段很重要的記載：

> 伍被，楚人也。或言其先伍子胥後也。被以材能稱，爲淮南中郎。
>
> 是時淮南王安好術學，折節下士，招致英雋以百數，被爲冠首。

可見伍被應是頗有才華之士，所以才有遠見以勸說劉安不宜謀反。而這百數的英雋應是高誘〈序〉中所提的蘇飛等人。徐復觀先生在《兩漢思想史》卷二中認爲：

> 又本傳「招致賓客方術之士數千人」一語，是把賓客與方術加以分別的。……蘇飛等屬於道家，故下句特標「諸儒」以分別。我所要說明的是：方術之士，沒有參與這內二十一篇的著作。可能在內二十一篇完成後，亦即是他們一整套的政治理想表達完成後，才由方術之士，繼續寫外書、中篇。（學生 P179）

我們看《淮南子》一書，可發現其雖然廣博各家思想，然究竟是以儒道兩家的思想爲大本營，其中又以道家思想居於優勢，這應是當時盛行黃老道家思想所致。蘇飛等人以道家思想爲主，而同屬道家，有人鍾情於老子，有人鍾情於莊子，如〈原道訓〉的作者應是老子道家者，其開宗明義即言：

> 夫道者，覆天載地，廓四方，柝八極。高不可際，深不可測。包裹

〔註15〕 本傳所言「內書二十一篇」即今日之《淮南子》，此早已爲學術界所公認，此不多茲述，而《外書》與《中篇》也早已亡佚，因與本文無關，亦不形諸於筆墨。

天地，稟授無形。原流泉浡，沖而徐盈。混混滑滑，濁而徐清。故
植之而塞于天地，橫之而彌于四海。施之無窮，而無所朝夕。舒之
幎於六合，卷之不盈於一握。約而能張，幽而能明。弱而能強，柔
而能剛。橫四維而含陰陽，紘宇宙而章三光。甚淖而㴠，甚纖而微。
山以之高，淵以之深。獸以之走，鳥以之飛。日月以之明，星歷以
之行。麟以之游，鳳以之翔。

〈原道訓〉極力描述老子所謂天道的屬性及功用。而〈俶真訓〉的作者應屬
信奉莊子學說者：

有始者，有未始有有始者，有未始有夫未始有有始者。有有者，有
無者，有未始有有無者，有未始有夫未始有有無者。所謂有始者，
繁憤未發，萌兆牙蘗，未有形埒垠堮，無無蠕蠕，將欲生興而未成
物類。有未始有有始者。天氣始下，地氣始上，陰陽錯合，相與優
游競暢于宇宙之閒，被德含和，繽紛蘢苁，欲與物接而未成兆朕。……

莊子喜歡談論生死的問題，對天道的創生作用，只有在〈大宗師〉中用「造
化」、「造物」兩個名詞〔註16〕，著墨不多，而《淮南子》則進一步以大篇幅
在〈俶真訓〉中，描述天道的創生過程。

至於「諸儒大山、小山之徒」，徐復觀先生認為「大山、小山，分明係諸
儒中的兩個人名，「山」或其姓（晉有山濤）而名則遺漏。王逸注楚辭，在招
隱下謂『招隱士者，淮南小山之所作也』，以亦應係人名。」（《兩漢思想史》
卷二學生 P199）個人亦認同此說法，其「大山、小山」之分，如同《禮記》
有《大戴禮》與《小戴禮》之分。從《淮南子》書中引用的《論語》、《子思
子》、《孟子》、《荀子》、《中庸》、《易傳》等，可知在劉安的賓客中，應有一
強大的儒家陣容，只是礙於當時盛行的是黃老道家，後來又因劉安冤獄，以
致儒客們姓名煙滅不顯。「大山」、「小山」可能是當時儒家陣容的主導人，因
此在冤獄之後，大家對這兩位姓「山」的儒家主導人還有印象，所以東漢高
誘作〈序〉時才言「諸儒大山、小山之徒」。

《淮南子》二十一篇已經無法考證哪一篇是哪一個賓客學者所撰寫，究
竟是獨立創作，或集體創作，也無法確切認定，我們只能由書中的內容及高

〔註16〕〈大宗師〉：「偉哉造化！又將奚以汝為，將奚以汝適？」「夫造化者必以為不
祥之人。」「今以一天地為大鑪，以造化為大冶。」「彼方且與造物者為人，
而遊乎天地一氣。」「偉哉夫造物者，將以予為此拘拘也！」

誘〈敘〉中所提，來判定在劉安的賓客群中，儒道兩家是主要陣容，其採用法家思想以融入儒道思想，突顯人君御下之術，在本書中亦具有相當的地位。

綜合上述，我們可知《淮南子》書中內容導向的主觀因素在於劉安本身的才華，及承擔兩代冤獄的逼迫，與賓客中以儒道爲二大思想陣營，而成就了這一偉大巨著。我們可以說《淮南子》一書是西漢諸子學的總集，此後長達二千年大抵以儒學爲主流時代，難以再看到像《淮南子》這樣綜合性的學術著作了。

第三章　先秦思想界之天道觀

　　天道的觀念在中國思想界至少存在了二、三千年以上，且在中國學術上，一直扮演著相當重要的角色，關連著中國的社會、政治、文化、生活，甚至人生觀及人格修養。

　　先秦思想界主要是以儒家、道家、墨家、法家、陰陽家的思想爲主，皆於春秋戰國時大放異彩。當時的知識份子對於天道的看法，有的認爲有主宰性，有的認爲純屬自然；有的則二者間雜。然而，在探討各家天道觀之前，不能不先論述先秦思想界天道觀的主要稱謂與範疇，以期對先秦思想界的天道觀有更完整的認知。

第一節　天道之範疇

　　天、帝、道、天帝與天道等觀念在中國學術上一直居於相當重要的地位，並與社會及人生緊密結合。很顯然的，天帝是「天」與「帝」的合稱或並稱，而天道是「天」與「道」的合稱或並稱。

　　「天帝」與「天道」究竟有何差別？爲何本論文採「天道」一詞，而捨「天帝」一詞？簡單地說，因爲「天帝」一詞所含之意是一至高無上的天神，是具相當神靈色彩的宗教意義，[註1] 但是如果就老莊與荀子的天道觀純爲自

〔註 1〕 在周代封建統一王朝之前，天帝可能是周人與殷人的氏族神（參見李杜《中西哲學思想中的天道與上帝》P5），但在統一王朝以後，天帝不只是有所偏坦的神靈，而是眾神中的最高神，是天地萬物的主宰。「天」之意乃至高無上，「帝」之意乃統治一切，如《詩‧大雅‧皇矣》:「皇矣上帝，臨下有赫；監觀四方，求民之莫」，《詩‧大雅‧文王》:「穆穆文王，於緝熙敬止。假哉天

然的形上觀念而言，「天帝」一詞並無法全面概括其意，因此本文採具神性義與自然義皆可的「天道」一詞。〔註2〕

「天道」一詞既是由「天」與「道」結合而成的名詞，我們要對此名詞有所了解，應當先了解組成此名詞的「天」與「道」的意義。

「天」在哲學史料中，具有相當複雜的涵義。在周幽王（西元前 781 至 771）之前，大部分都是宗教意義的天——人格神：

> 先王有服，恪謹天命；茲猶不常寧，不常厥邑，于今五邦。今不承
> 于古，罔知天之斷命，矧曰其克從先王之烈（《商書·盤庚》

> 上予迁續乃命于天；予豈汝威？用奉畜汝眾（《商書·盤庚》中）

這種「天」是富有意志的，是人間禍福的主宰；而這種宗教意義的天，在春秋末期，諸子學興起之後，賦予新的涵義，使「天」本身的意義轉化，其中最重要的是將天道德化，以及視天為自然的思想，這種思想對中國哲學的發展，有著重大的影響。

至於「道」，本義為路，通達之意，說文：「道，所行道也，從辵從首」，《左傳》襄公三十一年：「不如小決使道。註云：通也」，「道」在這裡引伸為遵循，這是指在未受任何規範下，其意義是開放的。因此與「天」並稱，成為「天道」，與人並稱，成為「人道」，《莊子·在宥》：「有天道，有人道。無為而尊者，天道也；有為而累者，人道也。主者，天道也；臣者，人道也。天道與人道也，相去遠矣，不可不察也。」而以「天」與「道」並稱的「天道」也會因為天的意義不同，而使同為「天道」一詞有所不同的意義：

> 天道賞善而罰淫（《國語·周語》中）

> 盈必毀，天之道也（《左傳》哀公十一年）

前者是有意志主宰的天道，善的行為即得到獎賞，惡的行為將受到懲罰；而

命，有商孫子，其麗不億。上帝即命，侯於周服。侯服於周，天命靡常」，《書·文王之命》：「惟時上帝，集厥命於文王」，《詩·大雅·雲漢》：「昊天上帝，則我不遺」，《書·召誥》：「皇天上帝，改厥元子」等等，皆表示天帝是一個有智慧，超越一切形像，對於人給予關懷，亦給予適當的獎勵與懲罰，是具有威嚴的神靈。

〔註2〕李杜《中西哲學思想中的天道與上帝》一書，曾以「天帝的意志」、「自然律」、「社會律」與「客觀化對天地萬物或歷史文化的了解」四方面來解說天道（P55～56）。韋政通亦以「天神」、「必然之理」、「形上的道體」、「自然」與「生生不息」五方面來解說天道（《中國哲學辭典》P94～97）。

後者是純粹大自然有盈有虧的現象，如月圓則缺，花開則謝。

就先秦典籍而言，先秦天道觀大致有五種範疇：

一、實體之天道

所謂實體的天道就是自然的天，也就是與厚載我們的大地相對而言蒼茫的天：

> 天有三辰（日、月、星），地有五行（《左傳》昭公三十二年）
>
> 天行有常：不爲堯存，不爲桀亡（《荀子・天論》）
>
> 盈而蕩，天之道也（《左傳》莊公四年）
>
> 倬彼雲漢，爲章於天（《詩・大雅・棫樸》）
>
> 宛彼鳴鳩，翰飛戾天（《詩・小雅・小宛》）

亦爲天地萬物生化的本原：

> 大哉乾元，萬物資始，乃統天，至哉坤元，萬物資生，乃順承天（《易・乾・彖》）
>
> 天生烝民，其命匪諶（《詩・大雅・蕩》）
>
> 天地者，萬物之父母也（《莊子・達生》）

二、神靈之天道

所謂神靈的天道就是主宰的天，意志的天，也就是認爲天是有意志，有人格的最高神，可以主宰天地萬物，對天地萬物有福祐與災禍的能力：

> 假哉天命，天命靡常（《詩・大雅・文王》）
>
> 天道遠，人道邇，非所及也，何以知之？灶焉知天道（《左傳》昭公十八年）
>
> 其功順天者，天助之；其功逆天者，天違之（《管子・形勢》）
>
> 天下百姓皆上同於天子而不上同於天，則災猶未去也。今若天飄風苦雨，溱溱而至者，此天之所以罰百姓之不上同於天者也（《墨子・尚同》）
>
> 昔者上天降禍於吳，得罪於會稽（《國語・越語》）
>
> 於斯萬年，受天之祐（《詩・大雅・下武》）

　　……以祭祀上帝鬼神，而求祈福於天（《墨子・天志》）

　　天禍晉國（《左傳》成公十三年）

這些都是認為天道是有意志與權力。

三、規範之天道

　　所謂規範的天，就是宇宙的和平秩序。最早是伏羲氏的仰觀象於天，俯察法於地，而畫成八卦——代表宇宙構成的八種陰陽象徵，再由其現象的交互變化，演變成含蓋一切自然與社會現象的六十四種公式。這是由體認自然、順應自然，進而效法自然：

　　天行健，君子以自強不息（《易・乾・象》）

　　立天之道，曰陰與陽（《易・說卦》）

　　是故夫禮必本於太一，分而為天地，轉而為陰陽，變而為四時，列而為鬼神；其降曰命；其官於天也（《禮記・禮運》）

天之所以為天，生生不息，大公無私，這就是仁愛；陰陽消長，四時不忒，晝夜無窮，這就是信義，群星旋轉，各循軌道，這就是中正；萬物並生而不相害，這就是和諧（參考于斌〈天道人道在中華文化上之重要性〉）。中國古代的聖人最偉大的地方，就是認識了規範的天道，進而效法天道，以立天道。

四、道德之天道

　　所謂道德的天道就是義理的天，也就是天道是人與宇宙萬物的準則和道德的規範：

　　然則天亦何欲何惡？天欲義而惡不義（《墨子・天志》）

　　天地之大德曰生（《易・繫辭》下）

　　女何故行禮，禮以順天，天之道也（《左傳》文公十五年）

　　君人執信，臣人執恭，忠信篤敬，上下同之，天之道也（同上，襄公二十二年）

　　盡其心者，知其性也，知其性，則知天矣。存其心，養其性，所以事天也（《孟子・盡心》）

　　是故天下有善，讓德於天（《管子・君臣》）

這是以天道去指人所建立或遵循的生活方式，這種生活方式稱爲「道」。是大家所遵循的，稱它爲「天之道」是因爲它雖然爲人所建立或遵循，但是對於個人有規範作用。這是以人道契合天道，天道有德，人所做的一切事皆要以天道爲準則，即有德。此一看法與前述規範之天道、同質性甚人，亦頗有關連。

五、天命之天道

所謂天命的天道，就是命運的天，也就是天命所授：

> 壽夭、貧富、安危、治亂，固有天命，不可損益（《墨子·非儒》）

> 周德雖衰，天命未改，鼎之輕重，未可問也（《左傳》宣公三年）

> 君子有三畏：畏天命、畏大人、畏聖人之言；小人不知天命而不畏也，狎大人，侮聖人之言（《論語·季氏》）

> 善之代不善，天命也（《左傳》襄公二十九年）

「天命」一說自孔子言「五十而知天命」（《論語·爲政》），遂成爲儒家性善說的形上根據，《中庸》：「天命之謂性」，朱熹《四書集註》：「天命即天道之流行而賦於物者，乃事物所以當然之故」，《孟子·萬章》上：「……莫之爲而爲者，天也；莫之致而至至者，命也。」

實體的天道與神靈的天道，及規範的天道，彼此觀念不同，因而產生科學、宗教與哲學三種信念。事實上，宇宙是整體的。科學是從有形的物質途徑去體認天道；宗教則是從人心的靈感途徑去體認天道；而哲學是從思想邏輯去認識天道，而三者所得的眞理是卻相同的。道德之天道與天命之天道則是儒家思想的根源亦其極致，中國歷代的教育，都重視君子的教育，君子希賢，賢希聖，聖希天，聖人最大的成就便是天人合一，所以聖人又稱爲大人，《易·乾卦·文言》：「夫大人者，與天地合其德，與日月合其明，與四時合其序，與鬼神合其吉凶。先天而天弗違，後天而奉天時。天且弗違，而況於人乎」，因此我們可以知道中國的文化是以能達到天人合一的境界爲人生最高的目地。

第二節　儒家之天道觀

儒家是繼承三代相傳的道統，孔子集其大成，孟子發揚光大。自孔子開始，人文精神逐漸流露，迷信與神權的天道觀念也逐漸淡化。上古時代的先

民，由於對大自然的知識較不發達，以為凡是有災禍，只要求助於天地鬼神即可。孔子的天道觀並非與迷信鬼神的上古先民一樣，但是卻承認有「天命」的存在，對於天地鬼神，孔子則是採取敬而遠之的態度，並沒有反對鬼神的存在，而孟子對於天地鬼神的觀念是承繼孔子，並無重大的改變，直到荀子才明確否定鬼神的存在，也否定其能主宰天地萬事萬物的能力。本節所要探討的是代表儒家的孔、孟、荀三人的天道觀。

一、孔子之天道觀

《論語・公治長》曾記載子貢云：

> 夫子之言性與天道不可得而聞也。

子貢既云孔子言天道，則孔子必曾論及天道。然而孔子的天道觀與上古先民迷信鬼神不同，但卻又承認天命的存在，這究竟是神性義或自然義？宋・朱熹註《論語・八佾》「獲罪於天，無所禱也」時，曾以「理」字來詮釋「天」字：

> 天，即理也。其尊無對，其奧灶之可比也。逆理，則獲罪於天矣。

但是清・錢大昕則反對朱熹的詮釋，他認為「天」並不同於「理」：

> 獲罪於天，無所禱也。謂禱於天，豈禱於理乎（《十駕齋養新錄》
> 卷三）

錢大昕這一則主要是批評朱熹完全摒除孔子神性義的天道觀。個人認為錢氏的批評是對的，因為孔子對天道的看法是承繼周初神性義的天道觀與自然義的天道觀而來的。

（一）神性義之天道

孔子對天道是極為崇敬的，認為天道是一個神明體，含有天意的存在：

> 獲罪於天，無所禱也（〈八佾〉）
>
> 唯天為大，為唯則之（〈泰伯〉）
>
> 子見南子，子路不說。夫子失之曰：「予所否者，天厭之，天厭之（〈雍也〉）
>
> 顏淵死。子曰：「噫！天喪予，天喪予！」（〈先進〉）
>
> 道之將每也與，命也；道之將廢也與，命也（〈憲問〉）

孔子將天道視為一有目地、有意志的人格神。天道可以主宰人事的生死壽夭、

富貴貧賤，甚至吉凶禍福。孔子不論是失意或得意，都是依靠這有意志的天道。如〈子罕〉記載孔子在匡國被圍困時，對天而歎：「文王既沒，文王不在茲乎？天之喪斯文也，後死者不得與於斯文也；天之未喪斯文也，匡人其予何？」還有一次，孔子一行人將往曹國，途中經過宋國，與弟子在大樹下習禮，宋國的司馬桓魋欲殺孔子，孔子在逃出後說：「天生德於予，桓魋其如予何？」（〈述而〉）（見《史記・孔子世家》卷四十七）孔子亦經常問自己：「吾欺誰？欺天乎？」（〈子罕〉）由此可知孔子認爲天道是有意志、有目地，且能主宰人事的最高人格神，是不能有所欺騙的。

　　孔子雖然認爲天道是一有目地、有意志的人格神，但他並不迷信，這是因爲孔子將「天道」與「鬼神」分別地非常清楚，對天始終存敬畏的態度，對神祇人鬼，則是存敬而遠之，既不公開反對，也不表示讚同：

　　　　務民之義，敬鬼神而遠之（〈雍也〉）

　　　　季路問事鬼神，子曰：「未能事人，焉能事鬼」（〈先進〉）

至於孔子「祭如在，祭神如神在」，又曰：「吾不與祭，如不祭。」（〈八佾〉）孔子如此重視祭神，目地並不是爲了神，而是爲了人，爲了能「慎終追遠」，以至於「民德歸厚矣」（〈學而〉），藉此提倡孝道，孔子的重祭祀是站在人道立場上合情合理的主張。

（二）自然義之天道

　　孔子一方面認爲天道是一有目地、有意志的人格神，另一方面卻又認爲天道是自然萬物所依循的規律：

　　　　天何言哉？四時行焉，百物生焉，天何言哉（〈陽貨〉）

　　　　子在川上曰：「逝者如斯夫，不舍晝夜。」（〈子罕〉）

　　　　哀公問孔子曰：「君子何貴乎天道也？」孔子對曰：「貴其不已，如日月東西相從而不已也，是天道也；不閉其久，是天道也；無爲而物成，是天道也。」（《禮記・哀公問》）

　　　　孔子曰：「天無私覆，地無私載，日月無私照。」（同上〈孔子閒居〉）

　　　　天有四時，春秋冬夏，風雨霜露，無非教也；地載神氣，神氣風霆，風霆流形，庶物露生，無非教也（同上）

此乃以自然義的觀點來解釋天道。天道是四時運行、萬物生長所依循的規律，並不是萬物的主宰者，孔子面對這無意識、無目地的蒼蒼上天，「不怨天，不

尤人，下學而上達，知我者其天乎」（〈憲問〉），有其道理啊！

孔子這種自然義的天道觀在往後的中國思想學術上並未受到重視，反而是天道與人道結合的「天人合一」成為中國人最喜歡的觀念。「天生德於予」、「我欲仁，斯仁至矣」（〈述而〉），仁為人所固有，且為天所賦，這種由仁德往上推天德的觀念，不僅成為孟子性善論思想的闡揚，甚至成為後來宋明儒學由心性通求上達於天，建立道德形而上的天道觀。

二、孟子之天道觀

孟子的思想乃秉承孔子而來，然生於戰國初期的孟子，與孔子的時代及思想背景並不一致，在他之前，有老子將商周以來的天道完全自然化了，亦有墨子提倡天神的信仰（此皆於下節敘），這些都可能直接或間接影響孟子對天道的看法。就《孟子》一書歸納出來，孟子的天道觀大致如下：

（一）人格神之天道

所謂人格神的天道，與孔子一樣，皆是認為天道為一有目地、有意志的人格神。〈告子〉下：

> 天將降大任於斯人也，必先苦其心志，勞其筋骨，餓其體膚，空乏其身，行拂亂其所為，所以動心忍性，曾益其所不能。

這是我們常引用來鼓勵人的名言，亦可作為修養德性的座右銘。在這裡所講的「天」，很明顯的，是有意志、有目地的天道。天道可以為了培養人，造就人，而使他們遭受各種環境的鍛鍊與考驗，使他們可以承擔艱鉅的重責大任。孟子的天道觀不僅認為天道是有意志、有目地，更是天地間萬事萬物的主宰：

> 萬章曰：「堯以天下與舜，有諸？」孟子曰：「否，天子不能以天下與人。」「然則舜有天下也，孰與之？」曰：「天與之。」「天與之者，諄諄然命之乎？」曰：「否，天不言，以行與事示之而已矣。」萬章曰：「人有言，『至於禹而德衰，不傳於賢，而傳於子。』有諸？」孟子曰：「否，不然也。天與賢，則與賢：天與子，則與子。」（〈萬章〉上）

孟子與其弟子萬章的這一段話，更具體論述了天道是一切人事的主宰，不論是堯舜的君位禪讓，或是後來的傳子不傳賢，都是天道的意志，都是「天與

之」。甚至於不僅是王位是天意，連個人的遭遇都是由天意所決定，〈梁惠王〉下曾記載，魯平公本來打算去看孟子，卻被一個叫作臧倉的寵臣阻止，當樂正子告訴孟子這件事，孟子說：

> 行，或使之；止，或尼之。行止，非人所能也。吾之不遇魯侯，天
> 也。臧氏之子，焉能使予不遇哉？

孟子認為魯平公不與他會面，並不是小人讒言的結果，而是天意所定。這種人格神的天道觀是建立孟子「性善說」的最主要根據：

> 盡其心者，知其性也。知其性，則知天矣。存其心，養其性，所以
> 事天也。殀壽不貳，修身以俟之，所以立命也（〈盡心〉上）

「心」是人所固有的善心，「性」是人先天的善性，「命」是天命，人如果能擴充自己的本心，就能認識自己的本性；如果能認識自己的本性，就能明白天命。保存人的本心，培養人的善性，就是懂得對待天命。孟子將心、性、天、命結合起來，建立了天人合一的性善論（參見姜國柱《中國歷代思想史》壹【先秦卷】P235）

（二）義理性之天道

孟子的天道觀不僅是有意志、有目地的人格神，且有道德性、義理性的理性範疇。孟子所謂義理的天道，就是把天當作一種義理，將孔子所重視的外在敬祀，化為內在的靈明與自覺，透過人心的自省與自反，即可上配於天：

> 西子蒙不潔，則人皆掩鼻而過之，雖有惡人，齋戒沐俗，則可以祀
> 上帝（〈離婁〉下）

這裡所指的惡人，乃是行為上的惡行，如果能夠洗心齋戒，亦可以配上帝之祀。孟子之意乃是人應當重視內心的明誠，而不是外在的修飾。孟子在〈告子〉上引《詩‧大雅‧蒸民》：「天生蒸民，有物有則。民之秉彝，好是懿德。」明白指出「天道」是一切道德規範的最終根源：

> 有天爵者，有人爵者。仁義忠信，樂善不倦，此天爵也；公卿大夫，
> 此人爵也。古之人，修其天爵，而人爵從之。今之人，修其天爵，
> 以要人爵；既得人爵，而棄其天爵，則或惑之甚者也，終亦必亡而
> 已矣（同上）

由這一段話可以知道天爵高於人爵，而天爵是指仁義忠信等道德規範，因此可知孟子的天道是具有人的道德性與義理性。

（三）自然義之天道

所謂自然義的天道就是把天當作是自然或自然現象。如：

> 天時不如地利，地利不如人和（〈公孫丑〉下）

天時與地利對舉，是針對季節氣候而言，這當然是自然現象。

> 天之高也，星辰之遠也，苟求其故，千歲之日至，可坐而致也（〈離
> 婁〉下）

「故」是指規律而言。舉目所見的蒼蒼之天，不僅是自然現象的天道，而且如果能夠認識天體的運行規律，即使是千年後的冬至或夏至，亦可以推算出來。

> 七八月之間旱，則苗槁矣。天油然作雲，沛然下雨，則苗浡然興之
> 矣。其如是，孰能禦之（〈梁惠王〉上）

認識天體運行的自然規律，且在明白農作物成長的客觀條件後，就要適時耕作，為民造福。以上大致是孟子自然義的天道觀。

基本上，孟子的天道觀承繼於孔子，所以並沒有太大的差異，只是就孔子的思想菁華在重利輕義的紛亂戰國時代裡，加以發揚光大。

三、荀子之天道觀

荀子是戰國末期的人。先秦的思想自孔、墨顯學到戰國諸子，在思想上最大的特色就是多元性的發展。無論是思想的面貌或內容，即使是同屬一個學派，也絕少陳陳相因，皆能表現出獨特的創見。如同屬儒家的荀子，雖駁斥諸家（見〈非十二子〉），推尊孔子，維護周制，成為孟子以後儒家的重要人物，但荀子的主張與立論卻與孔孟有明顯的不同，因此對於天道觀的看法，也炯然有異，無怪乎清儒稱之為「變儒」。

有關荀子天道觀的言論，主要都在〈天論〉一篇裡。荀子的天道觀與孔、孟並不一樣，他認為天道是一種自然的道理與自然的法則，沒有情感，沒有意志，也沒有任何主宰的行為，所以〈天論〉開宗明義即說：

> 夫天行有常，不為堯存，不為桀亡。應之以治則吉，應之以亂則凶。
> 彊本而節用，則天不能貧；養備而動時，則天不能病；脩道而不貳，
> 則天不能禍。故水旱而能使之飢，寒暑不能使之疾，祅怪不能使之
> 凶。本荒而用侈，則天不能使之富。養略而動罕，則天不能使之全。
> 倍道而妄行，則天不能使之吉。故水旱未至而飢，寒暑未薄而疾，
> 祅怪未至而凶。受時與治世同，而殃禍與治世異，不可以怨天，其

道然也。

「天行有常，不爲堯存，不爲桀亡」已說明了天道是一沒有目地、沒有意志的自然，這自然的運行有一定的規律，不會因人而異：

> 列星隨旋，日月遞炤，四時伐御，陰陽大化，風雨博施，萬物各得
> 其和以生，各得其養以成，不見其事而見其功，夫是之謂神。皆知
> 其所以成，莫知其無形，夫是之謂天（同上）

這是對自然現象的天道作具體的描述。所謂的天道對荀子而言，是一客觀存在的自然界，是列星、日月、四時、陰陽、風雨、萬物等自然現象的變化。這自然界的千變萬化，並非有一神祕的力量在主宰，而是陰陽之氣自然而然的變化所形成的，[註3] 這種正常的自然現象是天道的運行規律，即使是自然界一些反常的現象，也是天道的運行表現，並沒有任何的神祕感：

> 星隊木鳴，國人皆恐。曰：是何也？曰：無何也，是天地之變，陰
> 陽之化，物之罕至者也。怪之可也；而畏之非也。夫日月之有蝕，
> 風雨之不時，怪星之黨見，是無世而不常有之。上明而政平，則是
> 雖並世起，無傷也；上闇而政險，則是雖無一至者，無益也。夫星
> 之隊，木之鳴，是天地之變，陰陽之化，物之罕至者也。怪之可也，
> 而畏之非也。物之已至者，人祆則可畏也（同上）

荀子認爲殞星、木鳴、彗星、日蝕、月蝕等怪現象，都是自然界正常的運行表現，與社會的治亂吉凶無關，呼應上述「天行有常，不爲堯存，不爲桀亡」。天道並不會對誰特別偏愛，只是看人能不能順應它，如：禹順應天道，則天下大治；桀不順應天道，則天下大亂。治亂在於人，不在於天道，天道更不會因爲人的好惡而有所改變，所以求天道是沒有用的，天助不如自助。這種「應之以治則吉，應之以亂則凶。彊本而節用，則天不能貧；養備而動時，則天不能病；脩道而不貳，則天不能禍」是「人定勝天」的思想，天道雖然沒有目地、沒有意志、沒有主宰性，但是吉凶禍福卻可以因我們的意志與努力而有所改變。荀子告訴我們要有征服自然、戰勝自然的信心與勇氣，成爲自然的主人，而不是消極地等待自然的恩賜。這種「人定勝天」的思想對後世產生巨大的影響。

孔、孟、荀雖然同爲儒家的大師，但是他三個人的性格並非完全相同，尤其是荀子與孔、孟差別更大。基本上，孟子的天道觀與孔子相似，而荀子

〔註 3〕荀子爲戰國後期之人，時陰陽思想已大爲流行。

的天道觀卻與孔、孟顯然不同。事實上，人除了理性之外，還有情感，情感在人生與政治上可以發揮很大的作用，甚至遠遠超過理性，孔、孟之所以有時藉助於天，就是因爲他們了解情感的重要性，這是荀子所不及之處。

第三節　道家之天道觀

　　自春秋末年以來，諸多思想學派對於天道的問題，始終爭論不休，在這場爭論中，道家的創始人──老子是第一個以「道」來說明宇宙萬物產生的本源，與其變化的規律，及人類社會所必須依循的法則，建立了以「道」爲核心的哲學思想體系。而道家的另一個代表人物──莊子，《史記·老子韓非列傳》卷六十三記載「其學無所不闚，然其要本歸於老子之言」，司馬遷認爲莊子不但與老子同屬於道家，而且他的學問亦是發揮老子的見解，但是根據《莊子·天下》記載，老莊的思想應是有明顯的差異，老子是：

> 以本爲精，以物爲粗，以有積爲不足，淡然獨與神明居。

莊子是：

> 芴漠無形，變化無常，死與生與，天地並與，神明往與！芒乎何之，
>
> 忽乎何適，萬物畢羅，莫足以歸。

此論述可知兩人的思想並非完全相同。就天道觀來言，莊子雖有繼承老子的思想，然較之老子卻更爲接近自然。本節所探討的是先秦道家的代表人物老子與莊子天道觀之梗概。

一、老子之天道觀

　　「道」的本義是指人所行之路，後來引申爲事物所遵循的一定法則。在春秋時期，人們已用「道」來表示自然天象的運行規律，及社會人類的行爲規範，因此有「天道」與「人道」之說。老子吸取當時自然科學的成果，否定商周以來人格神主宰萬事萬物的天道觀念，而以「道」爲宇宙萬事萬物的最高實體，並以「道」建立了他的哲學體系。老子所講的「道」大致可分爲下列三點來說明：

（一）萬物之母

　　老子認爲道是創造宇宙萬物的本源，萬物皆由道所生：

> 有物混成，先天地生。寂兮寥兮，獨立而不改，周行而不殆。可以

為天下母，吾不知其名，字之曰道（二十五章）

道生一，一生二，二生三，三生萬物（四十二章）

道是先天地而生，所以是萬物之母。道生天地，生萬物，而道本身是自本自根，道可以無天地萬物，天地萬物卻不能沒有道。

「道生一，一生二」中的「一」是宇宙剛剛形成時的混沌未分的狀態。《黃帝四經・道原》：

恆無之初，迥同太虛。虛同為一，恆一而止。濕濕夢夢，未有明晦。

此時所說的「一」指的是「道」，是「未有誨明」以前，天地未分的「濕濕夢夢」，混混沌沌的狀態，也就是道是一混沌恍惚的狀態：

視之不見，名曰夷；聽之不聞，名曰希；搏之不得，名曰微。此三者不可致詰，故混而為一。……是謂無狀之狀，無物之象，是謂恍惚（十四章）

「道」是看不到，聽不到，摸不著，是一個無形、無聲、無象的超感覺，但卻不是「無」，「天地萬物生於有，有生於無」（四十章），有「無」才有「有」，萬物源於「有」，而「有」源於「無」，二十一章言「有物混成」已說明道是一「虛無」的「物」：

道之為物，惟恍惟惚。惚兮恍兮，其中有象。恍兮惚兮，其中有物。

窈兮冥兮，其中有精。其精甚真，其中有信（二十一章）

這「其中有象」、「其中有物」、「其中有精」、「其中有信」已說明老子的道並不是空無，而是一個物質實體，但它並無不是一個具體的固定實象，而是若有若無地存在宇宙之間，永恆不息。

（二）無所不在

道雖然是看不到、聽不到、摸不到，但是它卻是無所不在，《老子》二十五章言：

獨立而不改，周行而不殆。

說明天道的運行是無時無刻，而且永不停止；三十四章又言：

大道氾兮，其可左右。

亦闡明天道的大化流行是可左可右，無遠不到，無所不至的。而

天乃道，道乃久（十六章）

自古及今，其名不去（二十一章）

天長地久。天地所以能長且久者，以其不自生，故能長生（七章）

由此可知道是永恆不息，生生不已，無所不在，無所不包的。而莊子在〈知北遊〉一文回答東郭子道在螻蟻、在稊稗、甚至在屎溺，可知莊子的大道觀認為道不僅是無所不在，而且沒有貴賤之分，這正是老子「大道氾兮」的發揮。

（三）自然無為

《老子》二十五章：「人法地，地法天，天法道，道法自然。」道既已先天地而生，為萬物之母，又為何「法自然」，此「自然」並非比道更深一層，而是二者相等的。自然就是道，道就是自然：「道之尊，德之貴，夫莫命而常自然。」（五十一章）道之所以尊貴，是因為它創生萬物，順應自然。道是出乎自然的本性，也就是說人要效法地的無私載，地要效法天的無私覆，而天要效法道的衣養萬物，卻不主宰萬物：

衣養萬物而不為主（三十四章）

故道生之，德畜之，長之育之，亭之毒之，養之覆之。生而不有，

為而不恃，長而不宰（五十一章）

由此可知老子的天道觀其本性是自然，創生萬物，卻不主宰萬物，這種自然的本性是宇宙萬物所必須遵從的規律：

孔德之容，惟道是從（二十一章）

希言自然。故飄雨不終朝，驟雨不終日。孰為此者？天地。天地尚

不能久，而況於人乎？故從事於道者，同於道（二十三章）

違背自然，就是違背天道。因此行事也因遵循自然的規律，順天行道，合乎自然，則「百姓皆謂：『我自然』」（十七章）。因為天道是自然，所以其作為是無為，不做作，一切都是順應自然的，然而無為並不是什麼事都不做，而是順應天道自然的本性去做：「道常無為而無不為」（三十七章），《老子》七章言：「天長地久，天所以能長且久者，以其不自生，故能長生。」不自生就是不勉強，不做作，天道因為是順應自然，所以才能長生不滅，如果違背了自然，就不能長生，也就是天道的運行是自然而然，並沒有一絲一毫的人為因素存在。

老子是我國古代一位偉大的思想家，其以「道」為核心，建立了內涵極為豐富的哲學思想體系，排除了「以天為宗」、「以神為主」的神學觀念，揭示了人的高貴與偉大，從哲學的角度上去探討天道的問題，對先秦的天道觀作出了偉大的貢獻。

二、莊子之天道觀

　　老之有莊，猶如孔之有孟，莊子在道家的地位，如同孟子在儒家的地位。《史記・老子韓非列傳》記載莊子之學「歸於老子之言」，說明莊子亦繼承老子，以天道做爲其哲學思想體系的最高實體。然而莊子雖然亦認爲天道是宇宙萬事萬物的最根本，但其天道觀較之於老子，卻更爲接近自然。下列分爲五則，大略說明莊子的天道觀，前三則是繼承於老子，後二則是莊子與老子明顯的不同處。

　　在說明莊子天道觀之前，《莊子・大宗師》的這一段話是值得注意的，其短短數語可以說是老子思想的菁華的發揚：

　　　　夫道，有情有信，無爲無形。可傳而不可受，可得而不可見。自本自根，未有天地，自古以固存。神鬼神帝，生天生地。在太極之先而不爲高，在六極之下而不爲深，先天地生而不爲久，長於上古而不爲老。

「夫道，有情有信，無爲無形。可傳而不可受，可得而不可見」即說明天道是恍惚混沌，沒有固定的形體，是不可捉摸的；而「自本自根，未有天地，自古以固存。神鬼神帝，生天生地」則說明天道是先天地而生，是宇宙萬物之母；至於「在太極之先而不爲高，在六極之下而不爲深，先天地生而不爲久，長於上古而不爲老」則是說明天道的普遍性，不因時空阻隔而有所侷限。下列三點即以此來發揮。

（一）恍惚混沌

　　在莊子的認知裡，天道是「有情有信，無爲無形。可傳而不可受，可得而不可見」，這與老子對天道的看法是一致的，天道是「視之不見」、「聽之不聞」、且「搏之不得」（十四章），是一個無形、無聲、無象的超感覺，但卻不是「無」，而是「其中有象」、「其中有物」、「其中有精」、「其中有信」（二十一章），〈知北遊〉的這一段話可以說是莊子視天道爲恍惚混沌的最佳發揮：

　　　　道不可聞，聞而非也；道不可見，見而非也；道不可言，言而非也。知形形之不形乎！道不當名。……有問道而應之者，不知道也。雖問道者，亦未聞道。道無問，問無應。無問問之，是問窮也；無應應之，是無內也。以無內待問窮，若是者，外不觀乎宇宙，內不知乎大初，是以不過乎崑崙，不遊乎太虛。

天道是不可聽、不可見、不可言，如果能聽、能見、能言，那就不是天道了；

反過來說，天道也是不可問、不可答，如果可問、可答，那也就不是天道了。只有不聽、不見、不言、不問、不答，才能真正體會天道，優遊太虛。

（二）萬物之母

　　莊子認為創造宇宙的根源是一個「非物」，〈知北遊〉有一段話可以充分來說明：

> 有先天地生者物邪？物物者非物。物出不得先物也，猶其有物也；
> 猶其有物也，無已。

這段話的意思是肯定創生宇宙萬物的本體是一個「非物」。如果創生萬物之前還有物的話，那物之前必定還有物，這樣一直推論下去，一定沒有結束的時候，因此莊子言「非物」，這個「非物」是〈齊物〉所言「未始有物」〔註4〕的境界。在這個境界中，是混沌一片，並沒有任何限制，即上述所言，恍惚混沌的天道，是創造宇宙萬物的最根本。

　　天道是「自本自根，未有天地，自古以固存」，在天地萬物尚未產生之前，天道就已經存在了，它不僅僅是自己的根本，更是產生天地萬物的基礎：

> 泰初有無，無有無名；一之所起，有一而未形。物得以生，謂之德；
> 未形者有分，且然無閒，謂之命；留動而生物，物生成理，謂之形，
> 形體保神，各有儀則，謂之性（〈天地〉）

因為天道是無形無象的東西，所以才能創造多采多姿的宇宙萬物。如果有形有象，必定受其形象拘束，無法產生形貌不一的萬事萬物。天道的本體是「無」，而萬物是「有」，「有不能以有為有」，「必出乎無有」。「無有」是「無」與「有」的合一。「無有」產生了有，而有了物，有了形體，即進入「有」的世界，所以宇宙萬物就是由一種「有一而未分」的東西，進一步分化而使「物得以生」，這是由「無」到「有」的產生歷程。

另外，天道化生萬物，其必然是自然無為，因為它如果有心有為，便不能創造這多樣化的宇宙世界了：

> 天無為以之清，地無為以之寧，故兩無為相合，萬物皆化。芒乎芴
> 乎，而無從出乎！芴乎芒乎，而無有象乎！萬物職職，皆從無為殖。
> 故曰天地無為也而無不為也，人也孰能得無為哉（〈至樂〉）

〔註4〕〈齊物〉：「古之人，其知有所至矣。惡乎至？有以為未始有物者，至矣，盡矣，不可以加矣」，宇宙的一開始，是未曾有物的，這可說是「至矣！盡矣！」，是不可以再增加的了。

自然界的天地與萬物之間的關係，是無爲而無不爲的。天無心而自然清靜無爲，地無心而自然寧靜無爲，天與地的相合亦是自然無爲，天地相合而後產生萬物，這一切都是自然而然，並不是有意如此，因此我們可以說天道化生萬物是自然無爲的。

（三）無所不在

天道在「太極之先而不爲高，在六極之下而不爲淵，先天地生而不爲久，長於上古而不爲老」（〈大宗師〉），說明了天道是無處不在的，不因時空的阻隔而有所限制，〈知北遊〉中莊子與東郭子的這一段話更是明白表達天道的無所不在，而且沒有貴賤之分：

> 東郭子問於莊子曰：所謂道，惡乎在？莊子曰：無所不在。東郭子曰：期而後可。莊子曰：在螻蟻。曰：何其下邪？曰：在稊稗。曰：何其愈下邪？曰：在瓦甓。曰：何其愈甚邪？曰：在屎溺。

天道不僅僅是高高在上，支配天下一切的萬物，它更可以在螻蟻、在稊稗、在瓦甓、在屎溺，這段充滿哲理的對話，說明天道的大化流行是無所不在的。

（四）道物合一

在老子的書中，天道與物是上下二個截然不同的層次，二十八章言：「樸散則爲道」，六十五章言：「玄德深矣遠矣，與物反矣」，老子的天道是高高在上，支配天下萬物。但在莊子的書中，天道與萬物雖然有高低貴賤的分別，但是天道與萬物卻是合一的。如上述所引〈知北遊〉的那一段話，可知莊子並不是強調天道就是螻蟻，就是稊稗，甚至是瓦甓、是屎溺，天道與它們當然是有區別的，在這裡，莊子只是將這個高高在上的天道請下來，與萬物同存，因爲萬物都有其價值，都是天道的一體，因此莊子說：「天地與我並生，萬物與我爲一」（〈齊物〉）。

（五）以氣說道

莊子與老子對天道觀的看法，還有一點很大的不同，就是莊子以氣來解釋天道。〈則陽〉：「是故天地者，形之大者也；陰陽者，氣之大者也；道者爲之公。」這一段話表明天道是陰陽二氣所共有，這顯然是將天道視爲陰陽和合未分之時的氣。天道既然是氣，那麼由天道產生的萬物，當然亦是由氣產生，氣的聚合構成萬物的形體，而萬物的形體一旦離散，當然又復歸於原來的氣。莊子認爲天地萬物都是由氣所構成，萬物的生成是氣的凝聚，而萬物

的死亡則是氣的消散：

> 人之生，氣之聚也；聚則爲生，散則爲死。若死生爲徒，吾又何患！
>
> 故萬物一也，是其所美者爲神奇，其所惡者爲臭腐；臭腐復化爲神
>
> 奇，神奇復化爲臭腐。故曰「通天下一氣耳」聖人故貴一（〈知北遊〉）

莊子認爲人與萬物的生成、成長、甚而死亡，都是「氣」的運動。生化爲死，
死化爲生，神奇化爲臭腐，臭腐化爲神奇，這些都是「氣」的聚散。莊子意
識到人的生死是緊密相繫、互相轉化的，因此他對生死的問題並不是很在意，
由他的妻子死時，他竟「鼓盆而歌」可知莊子認爲死亡或許是一種幸福：

> 莊子妻死，惠子弔之，莊子則方箕踞鼓盆而歌。惠子曰：「與人居，
>
> 長子老身，死不哭亦足矣，又鼓盆而歌，不亦甚乎！」莊子曰：「不
>
> 然，是其始也，我獨何能無概然！察其始而本無生，非徒無生也而
>
> 本無形，非徒無形也而本無氣。雜乎芒芴之間，變而有氣，氣變而
>
> 有形，形變而有生，今又變而之死，是相與春秋冬夏四時行也。人
>
> 且偃然寢於巨室，而我噭噭然隨而哭之，自以爲不通乎命，故止也
>
> （〈至樂〉）

莊子之所以「鼓盆而歌」是因爲他將生與死視爲氣的轉換，而這種轉換就像
春夏秋冬一樣，是自然運行的：

> 死，無君於上，無臣於下；亦無四時之事，從然以天地爲春秋，雖
>
> 南面王樂，不能過也（同上）

人死後，魂氣升於天，魄氣歸於地，沒有君臣上下之累，也沒有四時炎涼之
事，能與天地同壽，這種快樂當然值得慶賀！

綜合上述，我們可知老子的天道觀是形而上的高絕玄妙，而莊子則將天
道化入生命的流行中，掙脫人爲文明的桎梏，回到自然虛靜的逍遙境界中。

第四節　墨家之天道觀

中國的學術思想如果是以儒家爲主流，那麼在先秦時期，與儒家分庭抗
禮最爲鮮明的除了道家之外，莫過於墨家了。〔註5〕張蔭麟先生在《中國上古

〔註 5〕儒家與道家的對立，在於前者強調人爲，後者鼓吹自然。至於墨家，則不僅
反儒，亦反道。他們認爲儒家的恢復舊制度、舊禮法，是迂腐的作爲，而道
家的自求多福，恬淡無爲，則是自私的態度。因此墨家是以積進的宗教家姿
態，從事於社會改革。《孟子・滕文公》下云：「楊朱墨翟之言盈天下，天下

史綱》言：「春秋時代最偉大的思想家是孔丘，戰國時代最偉大的思想家是墨翟。孔子給春秋時代以光彩結束，墨翟給春秋時代以光彩的開端。」（P148）不僅指出墨家學術思想在戰國時期的重要性，而且其關鍵人物爲墨翟，即墨子。因此有關於先秦思想界的天道觀，在墨家方面，僅以墨家重要代表人物——墨翟爲本節的主要範圍。

從《漢書‧藝文志》列《墨子》〔註6〕七十一篇中（今存五十三篇），墨子並無明顯使用「天道」一詞，但是我們從〈天志〉上中下三篇可知，墨子的天道觀全然是富有主宰意志的人格神。關於墨子的天道觀則必須從其所處的時代背景談起。

墨子的生卒，已不可考，大約生於春秋末年，戰國初期。〔註7〕當時社會的背景是「國之與國之相攻，家之與家之相篡，人之與人之相賊，君臣不惠忠，父子不慈孝，兄弟不和調」（〈兼愛〉中），墨子初學儒說，目睹這種諸侯各國相互征戰、爭霸，大夫之間相互凌暴，傾軋，連親族亦爲了彼此的利益而相互爭奪、殘殺的政治局面，「當察亂何自起？起不自相愛」（〈兼愛〉上），因而提出「兼相愛、交相利」的政治理想：

> 夫愛人者，人必從而愛之，利人者，人必從而利之；惡人者，人必從而惡之，害人者，人必從而害之（同上）

> 視人之國，若視其國；視人之家，若視其家；視人之身，若視其身。

之言，不歸楊，則歸墨」，這是道、墨與儒家的對立（楊朱，戰國衛人，字子居，或云曾學於老子，其書不傳，散見於《孟子》、《列子》等書。楊朱「拔一毛而利天下不爲」的個人主義色彩，當然是與提倡群體價值的儒家發生嚴重的抵觸，因而孟子斥責：「墨子兼愛，是無父也；楊朱爲我，是無君也。無父無君，是禽獸也」（同上），在禮教綱常不斷強化下，楊朱學派發生分化，出現詹何、子華子偏重「全生寡欲」一派，漸與道家合流）。《韓非子‧顯學》：「世之顯學，儒墨也。儒之所至，孔丘也；墨之所至，墨翟也」這是指儒墨的對立。

〔註6〕墨子未嘗自己著書，今所傳《墨子》一書，大抵是由其弟子，及其後學記述綴輯而成。

〔註7〕墨子的生年自太史公時已無法確切釐定，僅附在〈孟子荀卿列傳〉卷七十四之後，寥寥數語：「或曰並孔子之時，或曰在其後」；而〈藝文志〉亦僅言「在孔子之後」；《後漢書‧張衡傳》註：「公輸般、墨翟，並當子思時，出仲尼後」；而孫詒讓《墨子閒詁》：「墨子與子思並時而生，年尚在其後」；蔡仁厚《墨家哲學》：「墨子年代，大約不出西元前四八○至三九○此九十年間，亦即周敬王四十年至周安王十二年（魯哀公十五年至魯繆公二十六年）之間」。從上可知墨子的年代大約是在春秋末期至戰國初期。

> 是故諸侯相愛，則不野戰；家主相愛，則不相篡；人與人相愛，則
> 不相賊；君臣相愛，則惠忠；父子相愛，則慈孝；兄弟相愛，則和
> 調。天下之人皆相愛，強不執弱，眾不劫寡，富不侮貧，貴不傲賤，
> 詐不欺愚。凡天下禍篡怨恨，可使毋起者，以相愛生也（〈兼愛〉
> 中）

墨子認為天下之所以亂，是因為天下人皆不相愛，因此惟有天下所有的人，
彼此相愛，不分親疏遠近，方能平息天下之亂。然而「墨子並不是要求每個
人從個人主體的修養上培養兼愛的動機，而是通過外在的權威，使得每個人
服從而達到兼愛的目標。因此，兼相愛、交相利的理想社會，必須建立在天
志法儀的價值標準上。易言之，人人都要遵守天志法儀做為最高的價值標準，
當每個人的價值標準都獲得統一，自然就不會彼此衝突」（參見《中國哲學家
與哲學專題》P68）。

上述所言之「外在的權威」就是「天志」，天志就是「天的意志」：

> 子墨子之有天之意也，上將度天下之王公大人為刑政也，下將以量
> 天下萬民為文學、出言談也。觀其行，順天之意謂之善意行，反天
> 之意謂之不善意行。觀其言談，順天之意謂之善言談，反天之意謂
> 之不善言談。觀其刑政，順天之意謂之善刑政，反天之意謂之不善
> 刑政。故置此以為法，立此以為儀，將以量度天下之王公大人卿大
> 夫之仁與不仁，譬之猶分黑白也（〈天志〉中）

政府的刑政，百姓的言談舉止，皆必須有一「權威」來遵循。可見墨子的「天
志」是用來量度天下事物的一個「法儀」——最高的價值規範。〈法儀〉曰：

> 天下從事者不可以無法儀。無法儀而其能成者，無有也。雖至士之
> 為將相者，皆有法；雖至百工之從事者，亦皆有法。百工為方以矩、
> 為圓以規、直以繩、正以縣、平以水。無巧工不巧工，皆有此五者
> 為法。巧者中之，不巧者雖不中，依放以從事，猶逾己。故曰：百
> 工從事，皆有法度。我有天志，譬若輪人之有規，匠人之有矩。輪
> 匠執其規矩，以度天下之方圓（〈天志〉上）

墨子認為百工無巧拙，皆以繩墨為規矩，無論從事各種工作，必有其足以為
法的標準，而足以為「兼相愛、交相利」的標準便是天志。墨子的「天志」
有如輪匠的「規矩」，也就是說天志是一切事物的「法儀」。今就墨子「天志」
的性質與目地來一究墨子的天道觀：

一、「天志」說之性質

徐復觀先生曾在其著作《中國人性論史》提及中國原始宗教 —— 主宰意志的人格神，自周初開始已漸爲人文精神所轉化，至春秋時期，在知識份子的意識裡，權威意志的人格神已經非常淡薄，但是在一般的平民百姓卻仍根深蒂固。而墨子出身於平民，在他的思想觀念裡仍保留著平民的性格，因此墨子的天道觀是一具有主宰意志的人格神。其性質茲述如下：

（一）德　性

天志既然爲法儀，則天道應當以德性價值爲特性，〈法儀〉曰：

> 天之行廣而無私，其施厚而不德，其明久而不衰，故聖王法之。既
> 以天爲法，動作有爲必度於天：天之所欲則爲之，天所不欲則止。

由這一段話可知墨子所肯定的天道，是具有德性價值的：「天之行」有其普遍性與無私性，「天之施」有其「豐厚性與悠久性」，「天之明」有其「永恆性與不滅性」（參見蔡仁厚《墨家哲學》P20），因此聖王所法的天道，具有德性價值。而這個天道亦是有人格意志，有其「所欲」，亦有所「所不欲」。其所欲乃順天道之意而相愛相利，其所不欲乃反天道之意而相惡相賊，〈法儀〉曰：「天必欲人之相愛相利，而不欲人之相惡相賊也。」天道的意志，是以其欲惡來表現，而其欲惡的對象便是人的行爲。〈天志〉上曰：

> 然則天亦何欲何惡？天欲義而惡不義。然則率天下之百姓以從事於
> 義，則我乃爲天之所欲也。我爲天之所欲，天亦爲我之所欲。然則
> 我何欲何惡？我欲福祿而惡禍祟。若我不爲天之所欲，而爲天之所
> 不欲；然則我率天下之百姓，以從事於禍祟中也。然則何以知天之
> 欲義而惡不義？曰：天下有義則生，無義則死；有義則富，無義則
> 貧；有義則治，無義則亂。然則天欲其生而惡其死，欲其富而惡其
> 貧，欲其治而惡其亂；此我所以知天欲義而惡不義也。

義，在墨子的思想及人格精神中，佔有非常重要的地位。義爲天道之所欲，天道欲義，即天道欲人相愛相利，而人相愛相利即爲義。義出於天道，在〈天志〉上中下三篇都有很清楚的說明，〈天志〉中更言「天下有義則治，無義則亂；是以知義之爲善政也」，出於天道的義，是爲政的準則，這天道當然必須具備德性價值。

（二）賞善罰惡

在中國傳統的觀念裡，天道是一賞善罰惡的神靈，墨子論其天道觀時更是特別強調此觀念，使人對天道心存著敬畏，從而達到「兼相愛，交相利」的目地：

> 順天意者兼相愛，交相利，必得賞；反天意者，別相惡，交相賊，必得罰（〈天志〉上）
>
> 殺一不辜者，必有一不祥。殺不辜者誰也？則人也。予不祥者誰也？則天也（同上）愛人利人順天之意得天之賞者有之；憎人賊人反天之意得天之罰者亦有矣（〈天志〉下）

墨子所說天道的賞罰與《國語・周語》中所言「天道賞善而罰淫」，〈魯語〉下所言「天道導可而損否」，〈晉語〉六所言「天道無親，惟德是授」是一致的。凡是善的行為則可以得到天道的獎賞，而惡的行為卻是受到天道的刑罰。墨子的天道觀是一有意志的人格神，其行為方式是以獎勵善行，去除淫惡為準則。

（三）鬼 神

孔子對於鬼神是敬而遠之，而墨子卻是費了冗長的篇幅去肯定鬼神的實有存在（見〈明鬼〉）。墨子以為只要根據耳目的見聞，及古籍所載聖王的事跡，就能證明鬼神是確實存在，但事實上僅依據傳說的記載，說服力是相當薄弱，我們所能肯定的是墨子相當肯定鬼神存在的態度，而且鬼神不但實有存在，還有類別及層級：

> 古今之為鬼，非他也；有天鬼，亦有山水鬼神，亦有人死而為鬼神者（〈明鬼〉下）

天鬼是不同於山水鬼神，與人死為鬼神的鬼神亦有分別，層級是最高的，其義同於天，其存在的作用，乃是秉天志以行賞罰：

> 故國家治則刑法正，官府實則萬民富，上有以絜為酒醴粢盛，以祭天鬼，……（〈尚賢〉中）
>
> 故古者聖王，明天鬼之所欲，而避天鬼之所憎，……是以率天下萬民，齋戒沐浴，絜為酒醴粢盛，以祭祀天鬼（〈尚同〉中）
>
> 天子為善，天能賞之，天子為暴，天能罰之，天子有疾病禍祟，必齋戒沐浴，絜為酒醴粢盛，以祀天鬼，則天能除之（〈天志〉中）
>
> 若國家治，財用足，則內有以絜為酒醴粢盛，以祭祀天鬼（同上）
>
> 故古者聖王明知天鬼之所福，而避天鬼之所憎，以求興天下之利，

而除天下之害（同上）

上者天鬼弗戒，下者萬民弗利（〈非樂〉上）

上以事大鬼，天鬼不使；下以持養百姓，百姓不利（〈非命〉下）

〈天志〉中言天鬼的地位：「上利乎天，中利乎鬼，下利乎人」，可見墨子的天鬼地位是介於「天」與「人」之間。而〈耕柱〉言「鬼神明智乎聖人也」，說明了墨子對天神的認知是具有明智作用，而且超越聖人，這種明智的作用主要是在主宰人世間的一切作爲，就是「賞善罰惡」：無論富貴、眾強、勇力、強武、堅甲、利兵，皆能勝之，是「無大不罰之」（〈明鬼〉下）；而其賞亦無所不至，是「無小必賞之」（同上），這表示鬼神的賞罰，是公正嚴明，而且超越任何現實的力量。墨子將鬼神提昇至與天道結合，或許是利用民間百姓迷信鬼神的心理，以增強思想傳播的效果，但卻也使得其思想落入宗教神靈的色彩。

二、「天志」說之目地

墨子的「天志法儀」是建立在「兼相愛、交相利」的基礎上，而兼相愛、交相利爲的是平息執政者的狠戾好戰、淫亂奢侈、嚴刑苛稅、暴虐人民，因此如果執政者能遵循天志之法儀，使之成爲執政的最高指導原則，那麼必能達到全國人民皆兼相愛而交相利了。

（一）遵循之法規

上述言天志如同輪匠之規矩，不僅是平民百姓皆應遵守天志，執政者更應遵守天志：

> 天子者，固天下之仁人也。舉天下之萬民，以法天子，夫天下何說而不治哉？察天子之所以治天下者，何故之以也？曰：唯以其能一同天下之義，是以天下治。夫既尚同乎天子，而未上同乎天者，則天菑將猶未止也（〈尚同〉下）

又〈尚同〉上：

> 今若天飄風苦雨，溱溱而至者，此天之所以罰百姓之不上同於天者也。

平民百姓本應遵循於天子，然不僅遵循天子而已，更應遵循天志，而天子更應遵循天志，否則天將降災示警，在此天志對執政者有一限制，使得下對上有規諫的可能。天之意是兼愛天下所有的人，而天下所有的人，包含天子，

都應以天志兼愛爲法儀而遵循之。

（二）政治最高指導原則

既然執政者亦應遵循天志法儀，則天志自然成爲政治的最高指導原則：

> 今大者治天下、其次治大國而無法所度，此不若百工之辯也。然則
> 奚以爲治法而可？當皆法其父母奚若？天下之爲父母者眾，而仁者
> 寡；若皆法其父母，此法不仁也。法不仁，不可以爲法。當皆法其
> 學奚若？天下之爲學者眾，而仁者寡；若皆法其學，此法不仁也。
> 法不仁，不何以爲法。當皆法其君奚若？天下之爲君者眾，而仁者
> 寡；若皆法其君，此法不仁也。法不仁，不可以爲法。故父母、學、
> 君三者莫可以爲治法。

> 然則奚以爲治法而可？故曰：莫若法天（〈法儀〉）

在墨子的認知中，人是不足爲法的，即使是父母、所學習者（即師長）、國君，皆不足以爲法，唯一足以爲法的，就是天志、天意。因此天志是政治唯一的指導原則。

> 且夫義者，政也。無從下之政上。必從上之政下。是故庶人竭力從
> 事，未得次己而爲政，有士政之；士竭力從事，未得次己而爲政，
> 有將軍大夫政之；將軍大夫竭力從事，未得次己而爲政，有三公諸
> 侯政之；三公諸侯竭力聽治，未得次己而爲政，有天子政之；天子
> 未得次己而爲政，有天政之。天子爲政於三公諸侯將軍大夫庶人，
> 天下之士君子固明知之；天爲政於天子，天下百姓未得明知之也。
> 故昔三代聖王禹湯文武，欲以天之爲政於天子、明說天下之百姓，
> 故莫不犓牛羊、豢犬彘、潔爲粢盛酒醴，以祭祀上帝鬼神，而祈福
> 於天。我未聞天下之祈福於天子者也。我所以知天之爲政爲天子者
> 也（〈天志〉上）

此段的意思是「天子爲政於天，而天又爲政於天子」。可知政治的最高指導原則不在於天子，而在於天道。〈法儀〉言：「今天下無大小國，皆天之邑也。人無幼長貴賤，皆天之臣也。」〈天志〉中亦言：「且夫天之有天下也，辟之無異乎國君諸侯之有四境之內也。」簡單地說，天道是藉由天子爲政於天下，天子只是天道在人世間掌理一切的代理人，當然天子的一切施政方針必須以天意爲原則。

在《墨子》一書中，我們對他的天道觀所獲得的印象，是非常清晰而肯定的。他所講的天道是主宰人類萬物的天，是一個具有人格意志，且至高無上的天。有其理智，所以能洞悉萬物的是非；有其意志，所以能賞善罰惡，是人類遵循的法規，亦是為政的最高指導原則，因此人應當法天、順天，從天所欲。

第五節　法家之天道觀

在中國思想的流變上，除了儒、道、墨三大學派之外，另有一派異軍突起的法家；這一學派雖淵源流長，但以鮮明的旗幟與其他各派思想分庭抗禮，卻是在戰國末期。

法家與其它各派思想最大的分野，即是它專談政治法制，且往往是以達成君王統治的觀點立論，他們主要的任務就是富國強兵，而為了完成此任務，他們難免不擇手段，因此法家的鼻祖——管仲，在孟子的筆下，當然成了卑賤不值一提的政治犯。〔註8〕然而法家的思想直到戰國末期的韓非，才真正完成，在韓非之前的法家，只是稱為「權謀法術之士」，自韓非集大成之後，漢人才尊稱他們為法家，可見韓非在法家的地位是相當重要，因此本節談論有關法家的天道觀，僅以韓非為代表。

據《史記·老子韓非列傳》卷六十三記載，韓非與李斯同為荀子的學生，荀子主張性惡，韓非也主張性惡，但是荀子的性惡是為禮義之統，是可以教化的，約而言之，荀子主要是闡明禮義之教，化性起偽。韓非的性惡卻是為了強化賞罰的效用，是為了統治。韓非認為人性本來就是自私自利，〔註9〕這種自私自利如果沒有禮法制度加以規整，社會秩序必然大亂，而誰可以維持社會秩序呢？在韓非的觀念裡非君王莫屬了，而老子的政治哲學正提供了為

〔註8〕《孟子·公孫丑》上記載：公孫丑問曰：「夫子當路於齊，管仲、晏子之功，可復許乎？」孟子曰：「子誠齊人也，知管仲、晏子而已矣！或問乎曾西曰：『吾子與子路孰賢？』曾西蹴然曰：『吾先子之所畏也。』曰：『然則吾子與管仲孰賢？』曾西艴然不悅曰：『爾何曾比予於管仲！管仲得君，如彼其專也；行乎國政，如彼其久也；功烈，如彼其卑也；爾何曾比予於是！』」曰：「管仲，曾西之所不為也。而子為我願之乎？」

〔註9〕《韓非子·六反》：「且於父母之於子也，產男則相賀，產女則殺之。此俱出父母之懷衽，然男子受賀，女子殺之者，慮其後便，計之長利也。故父母之於子也，猶用計算之心以相待也，而況無父子之澤乎。」韓非認為父母與子女之間，本屬人論至親，猶存利害之心，更何況是君臣百姓呢？

人君主的策略。因此司馬遷將老、莊、申、韓合傳，必定有它的道理。〔註10〕老子學說最精釆處即是教人如何持盈保泰，及君王的南面之術，以一套技巧來統治人民。韓非除了採取老子君王南面之術的政治哲學之外，在天道觀方面，亦繼承老子的自然無為，以譬喻的手法說明天道並不是有意志的神祕人格神；另外，由於韓非曾是荀子的學生，其天道觀自然繼承荀子「天人之分，人定勝天」的自然觀。因此本節將分二個部分來探討韓非天道觀的特色：

一、天爲萬物之母

　　韓非繼承老子的天道是宇宙萬物生生不息之原理的思想，闡明天道是宇宙萬物之母，先於宇宙萬物而存在，及其運行的規律：

> 道者，萬物之所然也，萬理之所稽也。理者，成物之文也；道者，萬物之所以成也。故曰：「道，理者也」。物有理，不可以相薄。物有理，不可以相薄，故理之爲物之制，萬物各異理，而道盡稽萬物之理，故不得不化。不得不化，故無常操。無常操，是以死生氣稟焉，萬智斟酌焉，萬事興廢焉。天得之以高，地得之以藏，維斗得之以成其威，日月得之以恆其光，五常得之以常其位，列星得之以端其行，四時得之以御其變氣，軒轅得之以擅四方，赤松得之與天地統，聖人得之以成文章。道，與堯舜俱智，與接輿俱狂；與桀紂俱滅，與湯武俱昌。以爲近乎？遊於四極；以爲遠乎？常在吾側。以爲暗乎？其光昭昭；以爲明乎？其物冥冥。而功成天地，和化雷霆，宇內之物，恃之以成。凡道之情，不制不形，柔弱隨時，與理相應。萬物得之以死，得之以生；萬事得之以敗，得之以成。道，譬諸若水。溺者多飲之即死，渴者適飲之即生。譬之若劍戟，愚人以行忿則禍生，聖人以誅暴則福成。故曰：「得之以死，得之以生；得之以敗，得之以成。」（〈解老〉）〔註11〕

〔註10〕老子提出「無爲」的政治主張，後爲法家所承襲，並且有所轉化，而這其中的關鍵人物乃是慎到。老子的「無爲」旨在摒除人僞造作，順應自然，回歸形上之道的素樸自然；慎子有鑑於此，故主張棄知去己，與物宛轉，而此落實於政治，則是任法與尚勢。詳見劉智妙《淮南子無爲思想之研究》（P16～31）高雄師大七十八年碩士論文。

〔註11〕《韓非子》一書有部份篇章經專家學者考證，並非出自韓非之手，如以法家思想來解釋老子思想的〈解老〉，與以故事方式來解釋老子思想的〈喻老〉。

〈解老〉這一段文字將《韓非子》天道的觀念表達地相當清楚。「道者，萬物之所然也，萬理之所稽也」，已表明天道是宇宙萬物存在、運行的總規律，並且存在於宇宙萬物之中。舉凡天地、維斗、日月、五常、列星、四時及社會人事的種種變化，皆是由天道來主宰，因此天道是無所在、無所不包、無所不能的。但是天道對萬物的產生、包容、支配，並非是有意識的主宰，而是「不制不形，柔弱隨時，與理相應」的，因此韓非說：「夫道者，弘大而無形。……至於群生斟酌用之，萬物皆盛而不與其寧」（〈揚權〉），萬物的生成是自然而然的，天道並沒有特別的干預或主宰。

　　因為天道是宇宙萬物生生不息的總原理，當然是「不同於萬物」（同上）的。因此《韓非子》又言「道無雙，故曰一」（同上），天道是唯一的，是「萬物之所以成也」，當然與萬物不同，因此「萬物各異理，而道盡稽萬物之理」。理是條理、文理，是「成物之理」，即萬物成形之後，各自具備的特性：

　　　　凡理者、方圓、短長、麤靡、堅脆之分也。故理定而後可得道也。

　　　　故定理有存亡，死生，有盛衰（〈解老〉）

世界上一切有形有象的萬事萬物之所以彼此區別而不相互混淆，就在於「理」存在於其中，萬事萬物的方圓、長短、粗細、大小、堅脆的分別，全是有「理」，因此如果說「道」是宇宙萬物的總規律，那麼「理」就是萬事萬物相互區別的「特殊規律」（此用詞參考自姜國柱《中國歷代思想史》【先秦卷】P503）了。

　　道是一切之理，〈解老〉並不諱言這只是一個假設，如《老子》所言：「道可道，非常道」（一章）：

　　　　人希見生象也，而得死象之骨，案其圖以想其生也。故諸人之所以
　　　　意想者，皆謂之象也。今道雖不可得聞見，聖人執其功以處其見形。

　　　　故曰：「無狀之狀，無物之象。」（同上）

這已明白承認天道只是一個假設性的觀念。如果一個物體是一般人很少見到的，在找不到其正在活動的物體時，便只能依據它的圖形來假想它活動時的景象，因此凡是一般人所推想出來的東西，都叫做象。天道雖然無形、無象、無聲，然而哲學家見物物各有理，因而懸想出一個「與天地俱之剖判也俱生，至天地之消散也不死不衰者」（同上）的天道，這是一個相當大膽的假設，並沒有任何辦法可以證明，因為沒有人確切見過天道，它是看不到、摸不到、

然本論文的著眼點並非在於考證，因此不在這一方面多所著墨，可以確切的是〈解老〉與〈喻老〉是收錄在《韓非子》一書，而且充滿法家的色彩。

聽不到，頂多只能說「執其見功，以虛見其形」，或「觀其玄虛，用其周行，強字之曰道，然後可論」（同上），懸想萬事萬物的一切理，皆有一個不死不衰的天道。因此《韓非子》的天道觀與老了一樣，皆是以譬喻的方式，期能對宇宙萬事萬物的最高實體有一確切的了解。

二、人定勝天

韓非繼承荀子的思想，首先認爲天道是一個沒有目地、沒有意志的自然，而且其運行有一定的規律，對於人並沒有任何感情可言：

> 若天若地，孰疏孰親（〈揚權〉）
>
> 非天時，雖十堯不能冬生一穗（〈功名〉）

天道對人而言，是沒有任何的親疏，因此在沒有天道的自然條件下，即使是有十個像堯一樣的聖人，亦不能改變天道──在冬天時長出一顆穗來，這是一個客觀存在的自然界，是荀子「天行有常，不爲堯存，不爲桀亡」（〈天論〉）的延伸。

雖然天道不能主宰人事，人亦不能違反自然的規律，然而這並非意謂著人在自然界中是消極而毫無任何作爲。對於自然，人應該是「謹修所事，待命於天」（〈揚權〉），順著自然的性質與規律，憑著意志與努力，改變自然：

> 夫物有常容，因乘以導之。因隨物之容，故靜則建乎德，動則順乎道（〈喻老〉）

自然界的一切事物皆有其一定的規律，人應隨其規律而順應之，使一切的動靜皆能合乎自然的規律，如此一來亦是發揮人自己的能力，韓非舉例說：

> 夫必恃自直之箭，百世無矢；恃自圜之木，千世無輪矣。自直之箭，自圜之木，百世無有一，然而世皆乘車射禽者何也？隱栝之道用也（〈顯學〉）

韓非肯定人的積極精神，認爲人不能消極地等待自然的給予，應積極地去改造自然，利用自然，同時亦對當時流行的迷信鬼神，進行強烈的斥責：

> 用時日，事鬼神，信卜筮而好祭祀者，可亡也（〈亡徵〉）
>
> 龜筴鬼神，不足舉勝；左右背鄉，不足以專戰。然而恃之，愚莫大焉（〈飾邪〉）
>
> 越王勾踐恃大朋之龜，與吳戰而不勝，身臣入宦于吳；反國棄龜，明法親民以報吳，則大差爲擒（同上）

韓非以歷史故事來說明迷信鬼神的愚昧，並指出求鬼神的庇祐是不可靠的，因爲天道「孰疏孰親」，所有的吉凶禍福必須要靠自己的意志與努力，才能有所改變，求天是沒有用的，天助不如自助，唯有抱著「人定勝天」的信心與勇氣，方能成爲自然的主人。

第六節　陰陽家之天道觀

　　陰陽五行的思想，對傳統的中國政治、社會、哲學、科學、文化各方面影響至深，尤其是對兩漢而言，可以說是他們思想的骨幹，舉凡政治、宗教、學術、思想、天文、曆法、醫藥、科技等等，無不以陰陽五行之說作爲理論基礎。

　　然而陰陽五行的原始思想，早在《尚書》的〈堯典〉即有：「乃命羲和，欽若昊天；歷象日月星辰，敬授人時。」〈洪範〉：「初一曰五行。……五行：一曰水，二曰火，三曰木，四曰金，五曰土。……。」之說。《詩經》亦有「陰陽」的字眼，〔註12〕但並沒有任何哲學的意義，直到《易經‧繫辭》言「一陰一陽之謂道」，才賦於哲學的意涵，這其間，《左傳》、《老子》、《莊子》與《荀子》等書中亦有談論陰陽的觀念，〔註13〕《墨子》、《荀子》、《左傳》與《國語》諸書中，則有五行的記載；〔註14〕而《左傳》其中的一段話更是有陰陽與五行合流的暗示：

> 趙簡子問于史墨曰：季氏出其君而民服焉，諸侯與之，君死於外面而莫之或罪也！對曰：物生有兩、有三、有五、有陪貳；故天有三辰，地爲五行，體有左右，各有妃耦；王有公，諸侯有卿，皆有貳也。天生季氏，以貳魯侯，爲日久矣，民之服焉，不亦宜乎？（昭公三十二年）

這段話中以五行與陪貳、左右、妃耦等運用，陪貳、左右、妃耦雖不同於陰陽，也無明顯陰陽五行的合流，但卻是陰陽與五行合流的暗示。「有了陰陽觀念的準備，五行觀念的基礎，又有了陰陽五行合流的暗示，此時將陰陽五行

〔註12〕如〈衛風‧谷風〉：「習習谷風，以陰以雨」，此「陰」指「天氣」而言；〈小雅‧扶杜〉：「日月陽止，女心傷止」，此「陽」是「溫暖」的引伸義。

〔註13〕如《老子》四十二章：「萬物負陰而抱陽，沖氣以爲和」。

〔註14〕如《左傳》昭公二十五年：「……夫禮，天之經也，地之義也，民之行也。天地之經，而民實則之。則天之明，因地之性：生其六氣，用其五行。氣爲五味，發爲五色，章爲五聲；淫則昏亂，民失其性。」

合起來造成一種新說，已經是順理成章的事了。而造成此新說的人便是鄒衍。」
（見孫廣德《先秦兩漢陰陽五行說的政治思想》P31）

　　戰國時期，時局動盪，社會不安，知識份子莫不以遊說君侯、稱霸天下
為職志。其中，墨子認為天下之所以紛亂的原因，在於人們對天神的信仰產
生了動搖，因而墨子提倡天志、明鬼，欲藉此恢復人們對天神的信仰，從對
天神的信仰中，來約束彼此的行為。當然墨子這種提倡並不合乎潮流，因此
並沒有得到預期的效果。直到鄒衍將陰陽與五行結合起來，並與「天」牽扯
上密切的關係，創立了一套陰陽五行學說，才使天道與政治之間的契合度達
到百分之百。〔註15〕在鄒衍的心目中，如果把這套學說當成科學，他所要談
的天道就是自然的天。但這種科學並不準確，應用起來，並不是每件事情都
靈驗，因此他須要一個有意志的天道來作為後盾，所以他把這套學說當成神
祕的把戲，與有人格意志的天道結合在一起。《漢書‧藝文志》曾言陰陽家：

　　　蓋出於羲和之官，敬順昊天。歷象日月星辰，敬授民時，此其所長
　　　也。及拘者為之，則牽於禁忌，泥於小數，舍人事而任鬼神。

〈藝文志〉指出陰陽家是出於古代羲和之官，羲和之官是掌天文、星曆的事
情，教導百姓依季節時令來行事。天文、曆法屬於自然科學。古代這種掌天
人之際的事，不僅只有羲和之官，卜和之官亦是，尤其是與國運有關的吉凶
禍福，皆由卜和之官來卜判，因此原來有關國運興衰與否的星象災異，後來
卻成了「泥於小數，舍人事而任鬼神」的神祕色彩了。

　　由於《漢書‧藝文志》所列《鄒子》四十九篇，《鄒子終始》五十六篇皆
已亡佚，因此欲了解鄒衍陰陽家的天道觀，只能從相關文獻去探討。據《史
記》的〈孟荀列傳〉、〈封禪書〉與《文選‧魏都賦注》的記載，〔註16〕有關
鄒衍的天道哲學思想大致有三點：一、以陰陽五行來說明四時的更替；二、
機祥天譴，即天瑞天遣說；三、以五行相生相勝來解釋說明朝代的興衰。然
而後二點事實上可以併為同一說，即天道是具有人格意志的。因此鄒衍的天

〔註15〕《史記‧孟子荀卿列傳》卷七十四言：「騶衍（即鄒衍）睹有國者益淫侈，不
　　　　能尚德，若大雅整之於身，施及黎庶矣。乃深觀陰陽消息而作怪迂之變，《終
　　　　始》、《大聖》之篇十餘萬言。……稱引天地剖判以來，五德轉移，治各有宜，
　　　　而符應若茲……。」
〔註16〕《史記‧孟荀列傳》記鄒衍如註十四；〈封禪書〉卷二十八：「自齊威王時，
　　　　鄒子之徒，論終始五德之運，及秦帝，而齊人奏之，始皇採之。」《文選‧
　　　　魏都賦》李善注引《七略》：「鄒子終始五德，從所不勝，土德後，木德繼之，
　　　　金德次之，水德次之，火德次之。」

道觀可以從「自然的天」，及具人格意志的「神祕的天」這兩個角度切入。

一、自然科學之天道觀

　　戰國末期的天道觀由於陰陽五行的興起，不僅將先秦天道觀中最高實體的天道延伸外，更增添「氣」爲宇宙萬物構成的元素，「氣」自然而化，而且化生天地萬物。鄒衍的天道觀自然跟隨著這種思想，而《呂氏春秋》可以說是鄒衍的天道觀進一步發揮最完整的資料保留，尤其是其〈十二紀〉：

> 道也者，視之不見，聽之不聞，不可爲狀。有知不見之見、不聞之聞，無狀之狀者，則幾於知之矣。道也者，至精也，不可爲形，不可爲名，彊爲之謂之太一（〈仲夏紀・大樂〉）

> 太一出兩儀，兩儀出陰陽。陰陽變化，一上一下，合而成章。渾渾沌沌，離則復合，合則復離，是謂天常。天地車輪，終則復始，極則復反，莫不咸當。日月星辰，或疾或徐，日月不同，以盡其行。四時代興，或暑或寒，或短或長。或柔或剛。萬物所出，造於太一，化於陰陽。萌芽始震，凝寒以形（同上）

第一則所言的天道是「視之不見，聽之不聞，不可爲狀」、「不可爲形，不可爲名」，與老子十四章所言道是「視之不見、聽之不聞、搏之不得」是同一義，都是說明天道並不是一個具體可描摹的形象，而是恍惚混沌的，因此只好勉強給予一個名字「太一」或「道」。「太一出兩儀」，高誘〈注〉：「兩儀，天地也」，由混沌未分的太一，逐步分化爲天與地，而天地又自然生出陰陽這兩種氣，陰陽的交互作用則產生了萬物。《呂氏春秋》又將萬物的生成分爲「合」「離」兩個階段：

> 天地有始。天微以成，地塞以形。天地合和，生之大經也。以寒暑日月晝夜知之，以殊形殊能異宜說之。夫物合而成，離而生。知合知成，知離知生，則天下平（〈有始〉）

「天地合和，生之大經」這是《易經》的思想，《易經》的天地表示陰陽，陰陽相結合，則化生萬物。高誘〈注〉：「天，陽也，虛而能施，故微以生萬物；地，陰也，實而能受，故塞以形兆也。」合者，天地陰陽之合和；離者，一物脫胎他物而自立。這一說法頗有科學道理，如嬰兒成於父母的結合，生於同母體的分離（見任繼愈《中國哲學發展史》P21）。因此「離而生」應是與「麗」字意義相同，附著之意（見羅光《中國哲學思想史》兩漢、南北朝篇

P18），因為在道家的思想中，合則生，分則死，〔註17〕如此一來，陰陽之氣相合則生，陰陽之氣分離則死，此說如果合理，則與「物合而成，離而生，知合知成，知離知生」不符合了。

由此看來，陰陽二氣顯然是天地之所以成的要素，其周遊於天地間，週而復始，循還不息，於是有四季十二月：

> 仲春之月，……是月也，日夜分。雷乃發聲，始電。蟄蟲咸動，開戶始出（〈仲春紀〉）
>
> 仲夏之月，……是月也，長日至，陰陽爭，死生分（〈仲夏紀〉）
>
> 仲秋之月，……是月也，……殺氣浸盛，陽氣日衰（〈仲秋紀〉）
>
> 仲冬之月，……是月也，日短至。陰陽爭，諸生蕩（〈仲冬紀〉）

這是以陰陽二氣的消長來說明四季氣候的變化，而且根據季節的特點，描述整個天地色調的改變，與植物的生長過程，表現當時自然科學的知識。

至於五行，最早提出五行理論的是《尚書‧洪範》，其將五行與五味相配，把它從單純的五種物質屬性昇華為五種功能屬性，而《呂氏春秋》則將這五種屬性抽象為五種相互的關聯，成為一種特定的結構模式，建構起獨特的自然理論體系，五行學說的完整性就此形成。至此，五行中的金、木、水、火、土，已經與它們原來的屬性截然不同，其相生相剋，相生即滋助、促進；相剋即克制、約束。在〈十二紀〉的紀首中，《呂氏春秋》將涉及天、地、人等十多項事物，依陰陽的消長，四季的替換，配上五行、五方、五方、五色、五帝、五神、五祀、五數，形成一個無所不含的體系架構。如春季配以木、東、青、角、太皞、句芒、戶、八；夏季配以火、南、赤、徵、炎帝、祝融、灶、七；秋季配以金、西、白、商、少皞、蓐收、門、九；冬季配以水、北、黑、羽、顓頊、玄冥、行、六。但是四時與五行相配，勢必出現一個空缺，為了填補這個空缺，於是又安排一個沒有時間的「季節」，置於季夏與孟秋之間，並且配以五行中的土，其位中央，其色黃，其音宮，其帝黃帝，其神后土，其祀中霤，其數五。如此一來，古代的天文、地理、氣象、生物、物理、哲學知識的基礎上，五行可以說涵蓋所有的體系。

所謂的陰陽五行就是由陰陽的消長，再化生五行，五行結合而化生萬物。在〈十二紀〉裡，《呂氏春秋》列出每一月的數、律、味、草、蟲、禽獸、天

〔註17〕《莊子‧知北遊》：「人之生，氣之聚也；聚則為生，散則為死。」

地自然的氣候，甚而君王應吃的食物、應穿的衣服、應施行的政事，這一切都要與五行相配合：

> 仲春之月：日在奎，昏弧中，旦建星中。其日甲乙。其帝太皞。其神句芒。其蟲鱗。其音角。律中夾鐘。其數八。其味酸。其臭羶。其祀戶。祭先脾。始雨水。桃李華。蒼庚鳴。鷹化為鳩，天子居青陽太廟，乘鸞輅，駕蒼龍，載青旂，衣青衣，服青玉，食麥與羊，其器疏以達（〈仲春紀〉）

以陰陽的消長來說明季節的特色，雖目地是希望君王能依時令行事，似乎是以政治為導向，然而這種企圖解釋自然現象的精神，仍是十分可貴的。

我們說陰陽五行具有自然科學的性質，應該是指它企圖對自然科學的現象，作一合理的解釋，相當有科學的精神，另外是它以金木水火土為構成宇宙的基本原素，可以說是一種原始性科學。

二、神祕迷信之天道觀

陰陽五行依上述所言，如果朝著自然科學的性質發展，理應完全成為一種純科學性的學說，但是為什麼梁啟超在〈陰陽五行說之來歷〉（收於《飲冰室文集》十三冊）會說：「陰陽五行說，為二千年來迷信的大本營。」（P47）這是因為「五德終始」之說。〔註18〕

上述言〈十二紀〉的紀首將天、地、人等十多項事物與陰陽五行相配合，形成一個龐大的體系，不但使陰陽五行的原始科學性質消失，更是披上神祕迷信的色彩，尤其是東漢以後，五德終始又與讖緯糾纏不清，更使五德終始完全變成政治神話。〈應同〉：

> 凡帝王者之將興也，天必先見祥乎下民。黃帝之時，天先見大螾大螻，黃帝「土氣勝」，土氣勝，故其色尚黃，其事則土。及禹之時，天先見草木秋冬不殺，禹曰「木氣勝」，木氣勝，故其色尚青，其事則木。及湯之時，天先見金刃生於水，湯曰「金氣勝」，金氣勝，故

〔註18〕《史記‧孟荀列傳》言鄒衍「深觀陰陽消息，而作怪迂之變，〈終始〉、〈大聖〉之篇十餘萬言。其語閎大不經」，又言「稱引天地剖判以來，五德轉移，治各有宜，而符應若茲」，此所說之「五德轉移」即「五德終始」。〈封禪書〉又言：「騶衍以陰陽〈主運〉顯於諸侯」，說明鄒衍曾以「五德終始」向諸侯游說，可惜因為鄒衍的〈終始〉與〈大聖〉等著作早已亡佚，因此關於「五德終始」之說至今以《呂氏春秋》的〈應同〉可以說是保留鄒衍最完整的思想。

其色尚白，其事則金。及文王之時，天先見火，赤鳥銜丹書集於周
社，文王曰「火氣勝」，火氣勝，故其色尚赤，其事則火。代火者必
將水，天且先見水氣勝，水氣勝，故其色尚黑，其事則水。水氣至
而不知，數備，將徙于土。

這是五德終始的運用，是當時相當流行的陰陽五行。黃帝代表土德，夏禹代
表木德，木勝土而王；商湯代表金德，金勝土而王；周代表火德，火勝金而
王。當時代表周的火德氣數已盡，誰將代火而起呢？「代火者必將水，天且
先見水氣勝，水氣勝，故其色尚黑，其事則水」，其實這段文字等於向六國召
告，秦才是正統，當然一方面也是提醒秦始皇「水氣至而不知，數備，將徙
于土」，如果不掌握此機會，恐怕水的氣數殆盡之後，天命將轉移到土了，而
〈封禪書〉亦記載秦始皇統一六國後，其改制正是接受這種「五德終始」的
說法，〔註 19〕召告天下，秦以水德代替周的火德。這種理論影響後來王朝的
更替時，幾乎皆以五德終始來爲自己尋找天命所歸的依據，雖然王朝得以順
利轉移，然而無疑地，陰陽五行在無形中已蒙上了一層神祕而迷信的面紗，
足足影響中國二千年之久。

　　綜合以上可知陰陽家的陰陽五行學說，因同時具有自然科學主義的成
分，及神祕迷信主義的色彩，因此秦漢以後，陰陽五行之學說就朝這兩方面
分化。前者與天文、曆法、醫學等等結合，其在學理上的探討，莫不採陰陽
五行之說，如傳統中醫的理論，就是在這一套認知模式而建立起它的系統理
論，直至目前，仍然沒有其它的理論可以與其相抗衡；至於天文、曆法方面，
由於科技日新月異，已逐漸退出歷史的舞臺，畢竟陰陽五行是不能完全說服
科學的，但是這種思維方式，卻在不知不覺中影響人們的思考模式。而後者
則淪陷於民間迷信的習俗、傳統的巫術、堪輿、相術等等，他們仍奉陰陽五
行爲圭臬，也難怪梁啓超先生斥責陰陽五行是中國二千年來迷信的罪魁禍首。

〔註 19〕《史記·封禪書》：「秦始皇既併天下而帝，或曰：『黃帝得土德，黃龍地螾見。
　　　　夏得木德，青龍止於郊，草木暢茂。殷得金德，銀山自溢。周得火德，有赤
　　　　鳥之符。今秦變周，水德之時。昔秦文公出獵，獲黑龍，此其水德之瑞。』
　　　　於是秦更命河曰「德水」，以冬十月爲年首，色上黑，度以六爲名，音上大呂，
　　　　事統上法。……自齊威、宣之時，騶子之徒論著終始五德之運，及秦帝而齊
　　　　人奏之，故始皇採用之。」

第四章 《淮南子》天道觀之析論

《淮南子・要略》開宗明義即明言作者著書的宗旨：

> 夫作爲書論者，所以紀綱道德，經緯人事，上考之天，下揆之地，
> 中通諸理。……故言道而不言事，則無以與世浮沈；言事而不言道，
> 則無以與化游息。故著二十篇。

《淮南子》作者著書的宗旨是要「言道」又要「言事」。所謂「言道」，就是以「道」爲「紀」，上考天道的變化規律，下以析究大地的萬事萬物，也就是以「天道」爲根本之原理；所謂「言事」，就是以「德」爲「綱」，而貫通人事變化的道理。如果只是言「天道」而不通人事之「理」，則無法順應社會而生存；相反的，如果只是談論人事之「理」，而不懂「天道」的奧妙哲理，則無法順應自然界的變化規律，進而因應複雜的人事。可見在《淮南子》的哲學體系中，「天道」是最根本的原理，而「德」——人事之理，是統攝「天道」的。

本章所要探究的即是《淮南子》所謂「上考之天」的天道觀。

第一節 天道之淵源

在探討《淮南子》一書其天道觀淵源之前，必須先釐清一個問題：《淮南子》一書究竟是屬於道家，或爲雜家？這是歷來學者一直爭論不休的話題：

> 馮芝生《中國哲學史》上：淮南鴻烈爲漢淮南王劉安賓客所共之書，
> 雜取各家之名，無中心思想（P477）

> 日人渡邊秀方《中國哲學史概論》：淮南子二十一篇，乃和賓客蘇飛、
> 李尚等共講論道德時所編述的。惟其編述，所以內容非常駁雜，首

尾缺一貫之旨，又多前後矛盾處（劉悅元譯 P12）

羅光《中國哲學史》（兩漢・南北朝篇）：淮南子書中，基本思想爲道家思想；治國化俗的思想則是儒家的仁義道德。作書的人，又不是一個人，每個人又有自己的思想。劉安沒有創立一個思想系統，也沒有自己按照一個中心思想把全書修改。他尊重各篇作者的意見，全書便成了一本龐雜不純、道儒方術混合的書（P550）

薩孟武《中國政治思史》：此書大約著於武帝之時，其言糅清而且前後矛盾，既尚黃老無爲，又主張有爲；既非儒家之仁義，又復承認仁義，至於陰陽學說，楊朱主義又似無不贊成（P214）

戴君仁〈雜家與淮南子〉：淮南八公……而此書之撰成，是和諸儒共同講論的，可見其內容思想有調合融攝之處。而劉安本身也能屬文，或許作者不都是一身兼眾學，而它終究是有意造成混合折衷思想的一部子書，足以顯示雜家的特殊面目，而不是像後世的叢書，隨意亂湊在一起，那樣是不能成爲家的。所以淮南子之雜是時代的產兒，是當時學術風氣結成的果實（收於《淮南子論文集》）

李增《淮南子思想之研究論文集》：有些學者認爲淮南子的思想形態是黃老式的。這個觀點是對的。黃老即是假託黃帝與老子。而黃老式的思想內容與老莊式是不同。黃老的基本骨架是道家。另外結合陰陽、名、法、儒、墨、兵的思想，其目地在於潛禦群臣的君人南面術上。而老莊較於避世逍遙，並與儒家有尖銳對立。而漢初學者所說的道家並不是先秦老莊模式的道家，而是黃老雜家式道家（P6）

于大成《中國歷代思想家》：雜家，是採擷百家之長融合而成的，從前的哲學史家，往往說雜家沒有中心思想，其實，沒有中心思想，只是東抄西湊而成，那與一本雜誌或一頁報紙副刊一樣，如何能成家！……至於淮南子，其開宗明義的首兩篇，便叫做原道篇和俶眞篇。原道的道，指的是老子之道，這一篇，通篇都是發揮老子之道的。俶眞的眞字，是莊子常用的字眼，意思是眞人，眞人便是得道之人，莊子稱老子爲「博大眞人」。這一篇的眞字，硬是指的莊子之道而言，這一篇是發揮莊子之道的。以下十九篇，除修務一篇略近儒家的積極精神外，可以說，大體上都是以道家思想來貫穿全書的。

尤其道應一篇，簡直就是老子的注解。全書道家的思想是很顯然的
（第二冊劉安 P17～8）

若將司馬談〈論六家要旨〉與《漢書‧藝文志》作一比較，即可得知何以成書於景帝時的《淮南子》，其身份一直游離在「道家」與「雜家」之間曖昧不明的原因。

司馬談於〈六家要旨〉中所談之六家為「陰陽、儒、墨、名、法、道德」，並無列「雜家」。而《漢書‧藝文志》談九流十家〔註1〕時，「雜家」與「道家」則已並列。胡適先生在手稿本《淮南王書‧序》（P19）曾指出，在先秦思想史料中，「百家」之稱見於《史記‧秦始皇本紀》，「道家」之稱則見於《史記‧陳丞相世家》。由此可見在戰國末年已有以「家」名學，司馬談〈論六家要旨〉所稱六家之名非個人的獨創，而是習用以前的名稱。因此我們可以知道從戰國以至司馬談（武帝建元、元封年間為太史令）時，並無雜家之名，直到漢哀帝時的劉歆作《七略》才有雜家之名，這其間「雜家」究竟是如何成為一家之學的呢？

司馬談〈論六家要旨〉言：

> 道家使人精神專一，動合無形，瞻足萬物。其為術也，因陰陽之大順，采儒墨之善，撮名法之要，與時遷移，應物變化，立俗施事，無所不宜，指約而易操，事少而功多。……至於大道之要，去健羨，絀聰明，釋此而任術。……

「因陰陽之大順，采儒墨之善，撮名法之要」已與先秦純粹的老莊道家思想有所不同了，其後又云：

> 家無為，又曰無不為，其實易行，其辭難知。其術以虛無為本，以因循為用。無成勢，無常形，故能究萬物之情。不為物先，不為物後，故能為萬物主。有法無法，因時為業；有度無度，因物與合。故曰「聖人不朽，時變是守。虛者道之常也，因者君之綱」也。群臣並至，使各自明也。其實中其聲者謂之端，實不中其聲者謂之窾。窾言不聽，姦乃不生，賢不肖自分，白黑乃形。……

這段所言乃人君御下之術。

《漢書‧藝文志》云：

〔註1〕《漢書，藝文志》：「諸子十家，其可觀者九家而已。」是指儒家、道家、陰陽家、法家、縱橫家、名家、墨家、雜家、農家等九流及小說家。

> 道家者流，蓋出於史官，歷記成敗存亡禍福古今之道，然後知秉要
> 執本，清虛以自守，卑弱以自持，此君人南面之術也。
>
> 雜家者流，蓋出於議官。兼儒、墨，合名、法，知國體之有無，見
> 王治之無不貫，此其所長也。乃盪者為之，則漫羨而無所歸心。

〈藝文志〉前則所言之道家與司馬談所言如出一轍，皆是重視統治之術，這種重視人君御下之術，很顯明的是與先秦老莊的道家思想有所不同。而後則所言之雜家，「兼儒墨，合名法」，並沒有提及「道」字，戴君仁先生言：「正由於雜家是以道家為本質，而兼儒墨名法的。〈藝文志〉論道雜兩家的話，拼起來正抵過司馬談論道家一家的話。」（〈雜家與淮南子〉）戴氏所言：名為「雜家」，實為「道家」，也就是在漢代，有雜家之名，然其內容卻為道家，並且還摻雜儒墨名法。

胡適先生的《淮南王書‧序》（P14～5）手稿本亦云：

> 其實道家也就是一個大混合的思想集團，也就是一個雜家。司馬談
> 說的「因陰陽之大順，采儒墨之善，撮名法之要」的道家，〈藝文志〉
> 說的「兼儒墨，合名法」的雜家，或者是說那個統一帝國的時代的
> 思想學說有互相調和、折衷、混合的趨勢，造成了某些混和調和的
> 思想體系。

胡適先生很明確地指出漢代的道家即是「雜家」，又說：「秦以前沒有道家之名，道家只是戰國末年以至秦漢之間新起來的黃老之學。」（同上 P19）「雜家是道家的前身，道家是雜家的新名。漢以前的道家可以叫做雜家，秦以後的雜家應叫做道家。」（《中國中古思想史長編》上 P113）司馬談所言之道家思想含有濃厚的刑名之學，很顯明的是與先秦單純的老莊思想有所差距，因為它已是「因陰陽之大順，采儒墨之善，撮名法之要」的「道德家」了。這種混合各種學派，與其名之為「道」，不如稱之為「雜」，所以漢代的道家與雜家事實上是「異名同實」，馮友蘭亦云：

> 《漢書‧藝文志》把《淮南子》列入雜家，大概是為《淮南子》和
> 《呂氏春秋》一樣，成於眾人之手。但成於眾人之手，是雜家所以
> 為雜的一個條件，有了這個條件，可以成為雜家，也可以不成為雜
> 家。雜家的人，自覺地要搞一個拼盤式的思想體系。有一點這樣菜，
> 有一點那樣菜，齊齊整整地擺在一個盤子裡，看起來也許很好看，
> 但吃起來各有各的味道。雜家的人，從這一家取一點，從那一家取

一點，把它們抄在一部書裡邊，但讀起來各家還是各家。這是因爲它沒有一個中心思想，把一部書的内容貫串起來，它實在是不成爲一部書。凡是一部書，無論多麼大的書，總要有一個中心思想，貫串於其中，這才成爲一個體系。雜家之所以爲雜，就在於它不能成爲一個體系。凡是大思想家、哲學家，都是以自然、社會和人生，爲其研究對象。雜家的人，著重在收集各家之長，必然要以各家的學說爲其對象。好像一個學繪畫的人，他不注重於描寫自然和生活，而著重於摹臨別人的畫稿，這樣的思想家或畫家，一定是第二流的。……從這二個標準看，都不能說劉安是雜家，他有一個中心思想，那就是黃老之學。(《中國哲學史新編》三 P148)

因此我們可以說，《淮南子》的思想主幹是先秦老莊的道家思想，但摻雜儒、道、墨、法、陰陽的成分，而成爲黃老式的道家思想，因此班固《漢書·藝文志》將其置於「雜家」一類。

《淮南子》似自序般的〈要略〉曰：

若劉氏之書，觀天也之象，通古今之事；權事而立制，度形而施宜；原道之心，合三王之風。以儲與扈冶，玄眇之中，精搖靡覽，棄其畛挈，斟其淑靜；以統天下，理萬物，應變化，通殊類。非循一跡之路，守一隅之指，拘繫牽連之物，而不與世推移也。故置之尋常而不塞，布之天下而不窕。

由「棄其畛挈，斟其淑靜」已表明《淮南子》是一有意集大成的思想系統，並非全書是雜亂無章。其成書是汲取眾流的雜家形式，但是卻以顯明的老莊之道爲理論脈胳，如首篇的〈原道訓〉，關於「天道」的論述，與老莊是一脈相承的：

夫道者，覆天載地，廓四方，柝八極。高不可際，深不可測。包裹天地，稟授無形。原流泉浡，沖而徐盈。混混滑滑，濁而徐清。故植之而塞于天地，橫之而彌于四海。施之無窮，而無所朝夕。舒之幠於六合，卷之不盈於一握。約而能張，幽而能明。弱而能強，柔而能剛。橫四維而含陰陽，紘宇宙而章三光。甚淖而潃，甚纖而微。山以之高，淵以之深。獸以之走，鳥以之飛。日月以之明，星歷以之行。麟以之游，鳳以之翔。泰古二皇，得道之柄，立於中央，神與化游，以撫四方。

讀了這一段話，很自然地令人想起《莊子·大宗師》：

> 夫道，有情有信，無爲無形；可傳而不可受，可得而不可見；自本
> 自根，未有天地，自古以固存；神鬼神帝，生天生地；在太極之先
> 而不爲高，在六極之下而不爲深，先天地生而不爲久，長於上古而
> 不爲老。狶韋氏得之，以挈天地；伏戲得之，以襲氣母；維斗得之，
> 終古不忒；日月得之，終古不息；堪坏得之，以襲崑崙；馮夷得之，
> 以遊大川；肩吾得之，以遊大山；黃帝得之，以登雲天；顓頊得之，
> 以處玄宮；禺強得之，立乎北極；西王母得之，坐乎少廣，莫知其
> 始，莫知其終；彭祖得之，上及有虞，下及五伯；傅說得之，以相
> 武丁，奄有天下，乘東維，騎箕尾，而比於列星。

兩相對照，可知《淮南子》其天道之淵源是以老莊思想爲主，然而卻摻雜了各家思想，其中又以陰陽家色彩最爲濃厚。這是因爲自秦漢以來，陰陽思想大肆流行，從《呂氏春秋》、《管子》、《黃帝四經》等皆可以得知陰陽思想廣布的盛況，尤其在《淮南子》與董仲舒《春秋繁露》之後，陰陽思想更是無孔不入。《淮南子》在這種風氣之下自然免不了受其影響，從〈天文訓〉、〈墜形訓〉、〈時則訓〉、〈覽冥訓〉中可以很明顯的發現陰陽思想的色彩。因此《淮南子》在解釋天道、與天道化生萬物的過程，及萬物變化的理論，並非完全跟著老莊的路子走，而是摻雜了陰陽家的影子。再者，漢代學術風氣著重在形而下之具體萬物的變化，也就是天道的落實發揮，這也成爲《淮南子》天道觀的特色之一。

第二節　天道之性質

由上述可知《淮南子》天道觀是承繼先秦老莊思想，然而它卻又摻雜了「儒、道、墨、法、陰陽」諸家思想，形成與先秦老莊思想不同的黃老道家思想。茲攝其大要，分述如左：

一、混沌恍惚

《老子》二十一章言：「道之爲物，惟恍惟惚。」二十五章言：「有物混成，先天地生，寂兮寥兮。」《莊子·在宥》言：「至道之精，窈窈冥冥；至道之極，昏昏默默。」因此可知老莊的天道是恍惚混沌，是「無狀之狀，無

物之象,是謂惚恍」(十四章),所以才強名爲道,《淮南子》的天道觀則是全盤接老莊「混沌恍惚」的天道觀。其云:

> 古未有大地之時,惟像無形。窈窈冥冥,芒芠漠閔,澒濛鴻洞,莫知其門(〈精神訓〉)

> 惚兮恍兮,不可爲象兮;恍兮惚兮,用不屈兮;幽兮冥兮,應無形兮;遂兮洞兮,不虛動兮(〈原道訓〉)

> 天地未形,馮馮翼翼,洞洞灟灟,故曰太昭(〈天文訓〉)

> 洞同天地,渾沌爲樸;未造而成物,謂之太一。同出於一,所爲各異(〈詮言訓〉)

「太昭」與「太一」是《淮南子》表達天道的另一稱謂(於下節敍)。由上述我們可知在尚未有天地之前,天道是呈現一片「惟像無形,窈窈冥冥,芒芠漠閔,澒濛鴻洞,莫知其門」、「恍惚幽冥」、「馮馮翼翼,洞洞灟灟」、「洞同天地,渾沌爲樸」混沌不分的狀態,充滿質樸之氣。這樣混沌無形,自然是「視之不見其形,聽之不聞其聲,循之不得其身」(《老子》十四章),因此〈原道訓〉云:

> 旋縣而不可究,纖微而不可勤。累之而不高,墮之而不下。益之而不眾,損之而不寡。斲之而不薄,殺之而不殘。鑿之而不深,填之而不淺。忽兮怳兮,不可爲象兮;怳兮忽兮,用不屈兮。幽兮冥兮,應無形兮;遂兮洞兮,不虛動兮。與剛柔卷舒兮,與陰陽俛仰兮。

〈說山訓〉又云:

> 魄問於魂曰:「道何以爲體?」曰:「以無有爲體。」魄曰:「無有有形乎?」魂曰:「無有何得而聞也?」魂曰:「吾直有所遇之耳。視之無形,聽之無聲,謂之幽冥。幽冥者,所以喻道,而非道也。」魄曰:「吾聞得之矣。乃內視而自反也。」魂曰:「凡得道者,形不可得而見,名不可得而揚。今汝已有形名矣,何道之所能乎?」魄曰:「言者獨何爲者?吾將反吾宗矣。」魄反顧魂,忽然不見,反而自存。亦淪於無形矣。

〈原道訓〉與〈說山訓〉這二則皆是說明天道並無任何形象可以具體描摹。然而天道既沒有具體形象可以描摹,爲何老莊與《淮南子》皆以大篇幅的文字來談論它?《老子》開宗明義即言:「道可道,非常道;名可名,非常名。」

《莊子‧知北遊》亦言:「道不可聞,聞而非也;道不可見,見而非也;道不可言,言而非也。知形形之不形乎!道不當。」而《淮南子‧道應訓》:「道不可聞,聞而非也;道不可見,見而非也;道不可言,言而非也。」三者皆認為天道雖然存在,但是並不能以任何語言文字形容,更沒有任何形象可以具體描摹,然而為了讓世人了解,只好在不得已的情況下,以具體的言辭來表達這抽象的觀念。

二、先天地生

《淮南子》對天道所持的觀點乃是「先天地而生」,其〈天文訓〉云:

> 天地未形,馮馮翼翼,洞洞灟灟,故曰太昭。

〈詮言訓〉云:

> 洞同天地,渾沌為樸;未造而成物,謂之太一。

又〈精神訓〉云:

> 古未有天地之時,惟像無形。窈窈冥冥,芒芠漠閔,澒濛鴻洞,莫知其門。

此「太昭」與「太一」皆為「天道」(下節再敘),由上述可知天地尚未形成時,整個宇宙是「馮馮翼翼,洞洞灟灟」、「洞同天地,渾沌為樸」「惟像無形,窈窈冥冥,芒芠漠閔,澒濛鴻洞」混沌恍惚的原始狀態,因此可知天道是「先天地而生」。

《老子》二十五章首言:「有物混成,先天地生。」此「有物」所指為「天道」;《莊子‧大宗師》亦言:「夫道,⋯⋯自本自根,未有天地,自古以固存。」老莊的立場是「天道乃先天地而生」,所以天道是創生萬物的本源:

> 天下有始,以為天下母。既得其母,以知其子;既知其子,復守其母,沒身不殆。(五十二章)

在這裡,「母」是指天道,「子」是指萬物,母生子,猶天道化生萬物。因此,天道是萬物的本源,既然為萬物的本源,則必先於萬物而存在,所以稱之為「始」,天下有「始」,在天之前還有一個開始,那就是天道了,所以說天道是先天地而生。

> 道生一,一生二,二生三,三生萬物(四十二章)

「道生一,一生二」中的「一」是宇宙方形成時一片混沌未分的狀態。《黃帝四經‧道原》:

> 恆無之初，迥同太虛。虛同爲一，恆一而止。濕濕夢夢，未有明晦。

此時所說的「一」是指「未有誨明」以前，天地未分的「濕濕夢夢」，混混沌沌的狀態。

「一生二」，首先由混沌未分的「一」，化生爲「天地」，《黃帝內經・太素・知針石》：

> 從道生一，謂之朴也，一分爲二，謂之天地也。

又《老子》二十五章：

> 人法地，地法天，天法道，道法自然。

由「天法道」可知天道是在天的上位，因此天道是先天地而生。《淮南子》這「先天地而生」的天道觀亦承襲老莊而來。

三、本乎自然

《老子》二十五章：「人法地，地法天，天法道，道法自然。」可知老子的立場爲「天道是先天地而生」，然而爲何在此多一個「道法自然」？此「自然」並非又深天道一層，而是二者同等的。自然就是天道，天道就是自然，順應天道就產生「天」，有天然後才有「地」，有地便有「人」，這是順乎自然的道理。「天長地久，天地所以能長且久者，以其不自生，故能長生」（七章），不自生就是不勉強，天道是順應自然，不勉強，不做作，所以才能長生不滅，如果違背了自然的天，就不能長生。

《淮南子》亦是承繼老子天道觀是「自然」而來，〈原道訓〉云：

> 夫萍樹根於水，木樹根於土。鳥排虛而飛，獸蹠實而走。蛟龍水居，虎豹山處，天地之性也。兩木相摩而然，金火相守而流。員者常轉，竅者主浮，自然之勢也。是故春風至則甘雨降，生育萬物，羽者嫗伏，毛者孕育。著木榮華，鳥獸卵胎。莫見其爲者，而功既成矣。秋風下霜，倒生挫傷，鷹雕搏鷙，昆蟲蟄藏。草木注根，魚鱉湊淵，莫見其爲者，滅而無形。木處榛巢，水居窟穴。禽獸有芄，人民有室。陸處宜牛馬，舟行宜多水。匈奴出穢裘，于越生葛絺。各生所急，以備燥濕。各因所處，以禦寒暑。並得其宜，物便其所。由此觀之，萬物固以自然，聖人又何事焉？

「天地之性」即「自然之勢」，因此舉凡「萍樹根於水，木樹根於土。鳥排虛而飛，獸蹠實而走。蛟龍水居，虎豹山處」或「兩木相摩而然，金火相守而

流」等種種天地萬物，其運動皆是「自然」的。

> 夫太上之道，生萬物而不有，成化象而弗宰。歧行喙息，蠉飛蠕動，
> 待而後生，莫之知德。待之後死，莫之能怨。得以利者不能譽，用
> 而敗者不能非。收聚畜積而不加富，布施稟授而不益貧（〈原道訓〉）

這是老子所言：「天地不仁，以萬物為芻狗。」（五章）「生而不有，為而不恃，
長而不宰。」（五十一章）思想進一步的發揮。天道長養萬物，但卻不主宰萬
物，而萬物對天道也沒有任何情感，也就是說天道並沒有意識，不偏不私，
沒有任何目地，純任自然。因此〈泰族訓〉又云：

> 天致其高，地致其厚，月照其夜，日照其晝，陰陽化，列星朗，非
> 其道而物自然。故陰陽四時，非生萬物也；雨露時降，非養草木也。
> 神明接，陰陽和，而萬物生矣。故高山深林，非為虎豹也；大木茂
> 枝，非為飛鳥也；流源千里，淵深百仞，非為蛟龍也。致其高崇，
> 成其廣大，山居木棲，巢枝穴藏，水潛陸行，各得其所寧焉。

「非其道而物自然」說明在大自然中，萬事萬物的生長變化，都是自然而然，
並非人為刻意，所以「春風至則甘雨降」，「秋風下霜」則「鷹雕搏鷙，昆蟲
蟄藏」；而天道化生萬事萬物亦不是為了某種目地，因此「雨露時降，非養草
木」、「高山深林，非為虎豹；大木茂枝，非為飛鳥；流源千里，淵深百仞，
非為蛟龍」，這是因為它所成就的生活環境，適合該生物的生活條件。

> 是故達於道者，反於清靜。究於物者，終於無為。以恬養性，以漠
> 處神，則入于天門。所謂天者，純粹樸素，質直皓白，未始有與雜
> 糅者也。所謂人者，偶㺟智故，曲巧偽詐，所以俛仰於世人，而與
> 俗交者也（〈原道訓〉）

所謂的「道」即是「天然」，所謂的「術」即是「人為」，天然包含非常廣大，
而人為所見則相當狹小，因此通達天道的人，因為順應自然，所以可以探究
萬事萬物的至理。

四、無所不在

《老子》二十五章言天道是「周行而不殆」，說明天道的運行是無時無刻，
而且永不停止；三十四章又言：「大道氾兮，其可左右。」闡述天道的大化流
行是可左可右，無遠不到，無所不至。而《莊子·知北遊》云：「東郭子問於
莊子曰：所謂道，惡乎在？莊子曰：無所不在。東郭子曰：期而後可。莊子

曰：在螻蟻。曰：何其下邪？曰：在稊稗。曰：何其愈下邪？曰：在瓦甓。
曰：何其愈甚邪？曰：在屎溺。」這是一則充滿哲理的對話，莊子回答東郭
子道在螻蟻、在稊稗、在瓦甓，甚至在屎溺，可知天道不僅是無所不在，更
沒有貴賤之分。《淮南子》亦言天道是無所不在：

> 往古來今謂之宙，四方上下謂之宇，道在其間而莫知其所。（〈齊俗
> 訓〉）

> 夫道者，覆天載地，廓四方，柝八極。高不可際，深不可測。包裹
> 天地，稟授無形。原流泉浡，沖而徐盈。混混滑滑，濁而徐清。故
> 植之而塞于天地，橫之而彌于四海。施之無窮，而無所朝夕。舒之
> 幎於六合，卷之不盈於一握。約而能張，幽而能明。弱而能強，柔
> 而能剛。橫四維而含陰陽，紘宇宙而章三光。甚淖而滒，甚纖而微。
> （〈原道訓〉）

天道可大可小，在空間上已包容一切；在時間上亦無窮無盡，以其無根，獨
無偶，所以稱爲「一」，所謂「一者，無匹合于天下者也」（〈原道訓〉），天道
即是宇宙的本體。天道因爲無所不在，可近可遠，遠則在天邊，近則在身邊，
〈原道訓〉云：

> 大道坦坦，去身不遠。求之近者，往而復反。迫則能應，感則能動。
> 物穆無窮，變無形像，優游委縱，如響之與景。登高臨下，無失所
> 秉。履危行險，無忘玄伏。能存之此，其德不虧。

天道離開自身不遠，即使離開了亦可以再找回來，因爲天道是無所不在，只
要接近它就能得到回應，感動它便有所行動。因此天道是無所不在。

五、恆常不變

《老子》二十五章言天道是「獨立而不改」。天道之所以「獨立」是因爲
「無匹合於天下者也」（〈原道訓〉），天道是第一因，所以是獨立，正因爲是
第一因，不受其他因素的影響，所以是「不改」，王弼《老子·註》言所謂不
改是「變化始終，不失其常。」《韓非子·解老》解釋「常」爲：

> 夫物之一存一亡，乍死乍生，初盛而後衰者，不可謂常，唯夫與天
> 地之剖判也俱生，至天至地之消散也，不死不衰者謂常。

李息齋《老子翼·註》：

> 常者，不變之謂也。物有變而道無變。物之變，至於念念遷謝，俯

仰之間未嘗少停。至少謂道，則無始無終。天地有盡，而此道無盡，
是謂常。

《莊子・秋水》承襲老子的觀念：「物之生也，若驟若馳，無動而不變，無時
而不移。」可見萬物是「逝者如斯夫，不舍晝夜」（《論語・子罕》）的變化，
然而萬物雖然有所變化，其本體卻是不變的，如潮漲潮落，變化雖殊，木體
卻總是為「水」。

《淮南子》亦認為萬物的形態雖然變化無窮，然其共同的本質卻是不會
改變的：

夫造化者之攫援物也，譬猶陶人之埏埴也；其取之地而已為盆盎也，
與其未離於地，無以異；其已成器而破碎漫瀾而復其故也，與其為
盆盎，亦無以異矣。（〈精神訓〉）

道出於一原，通九門，散六衢，設於無垓坫之宇（〈俶眞訓〉）

洞同天地，渾沌為樸；未造而成物，謂之太一。同出於一，所為各
異。有鳥有魚有獸，謂之分物。方以類別，物以群分（〈詮言訓〉）

萬事萬物的產生皆各來自於天道，而形成各具其性質的事物，另，萬物雖有
生死、消長、增減，然而對整體的天道而言，並不會有任何的更改：

吾生也，有七尺之形。吾死也，有一棺之土。吾生之此比於有形之
類，猶吾死之淪於無形之中也。然則吾生也，物不益眾。吾死也，
土不加厚。（同上）

（道）收聚蓄積而不加富，布施稟授而不益，施縣而不可究，纖
微而不可勤。累之而不高，墮之而不下；益之而不眾，損之而不
寡。斷之而不薄，殺之而不殘，鑿之而不深，填之而不淺。（〈原
道訓〉）

天道的本體並不會因為萬物數量的變化而有所改變，因為天道是超越萬物的：

夫化生者不死，而化物者不化。（〈俶眞訓〉）

不化者，與天地俱生也。夫木之死也，青青去之也。夫使木生者豈
木也。猶充形者之非形也。甘生生者未嘗死也，其所生則死矣。化
物者未嘗化也，其所化則化矣。（〈精神訓〉）

經由以上，我們可以得知天道雖然為「天下母」，然而不論萬物如何改變，天
道的本體仍然是恆常不變。

六、虛無寂靜

　　上述言天道是混沌恍忽，先天地生，乃就天道之孕育形成而言。至於本乎自然、無所不在、恆常不變之外，不可見，不可摸，不可聽，此即所謂虛無寂靜，乃其屬性也。有「無」才有「有」，萬物源於「有」，而「有」源於「無」：

　　　　天地萬物生於有，有生於無（四十章）

〈原道訓〉言：「無形而有形生焉，無聲而五音鳴焉，無味而五味形焉，無色而五色成焉。是故有生於無，實出於虛。」《淮南子》認為有形的萬物是無形的天道所產生。而「有無本來是對辭，沒有無，便沒有有，沒有有，也沒有無，有無有有，有有有。」（劉必勁《老子哲學》P20），老子亦言：「有無相生，難易相成，長短相傾，音聲相和，前後相隨。」（二章）又言：「天下之至柔，馳騁天下之至堅，無有入無間。」（四十三章）老子認為天下最柔弱的莫過於「無有」——天道，然而它卻能駕馭天下最堅強的東西，就像水能滴穿巨石一樣，這是因為天道是萬事萬物的本源。

　　《淮南子》亦承襲老子這種天道的本體是虛無的觀念，〈俶真訓〉：

　　　　虛無者道之舍，平易者道之素。

直言「虛無」是天道的住所。

　　　　天地未剖，陰陽未判，四時未分，萬物未生，汪然平靜，寂然清澄，
　　　　莫見其形。（同上）

「莫見其形」說明天道的本體是「虛無」。

　　然而虛無並不是完全沒有，《老子》二十一章：

　　　　道之為物，惟恍惟惚。惚兮恍兮，其中有象。恍兮惚兮，其中有物。
　　　　窈兮冥兮，其中有精。其精甚真，其中有信。

這「其中有象」「其中有物」「其中有精」「其中有信」已說明「虛無」並非完全沒有，天道是虛無飄渺，是看不見、聽不到、摸不著，因為它沒有固定的形體，沒有固定的聲音，但它是確實存在，就像自然界的空氣，我們看不見它的形體，但它卻是存在，尤其是在狂風的時候，更能感受到它的威力。《淮南子》的天道觀亦是認為天道的本體雖然是虛無沒有形象，但卻是實有的，〈原道訓〉云：

　　　　夫無形者，物之大祖也。無音者，聲之大宗也。其子為光，其孫為
　　　　水，皆生於無形乎？夫光可見而不可握，水可循而不可毀。故有像
　　　　之類，莫尊於水。出生入死，自無蹠有，自有蹠無，而以衰賤矣。

是故清靜者，德之至也，而柔弱者，道之要也。虛無恬愉者，萬物之用也。肅然應感，般然反本，則淪於無形矣。所謂無形者，一之謂也。所謂一者，無匹合於天下者也。卓然獨立，上通九天，下貫九野，員不中規，方不中矩，大渾而爲一，葉累而無根，懷囊天地，爲道關門。穆忞隱閔，純德獨存。布施而不既，用之而不動。是故視之不見其形，聽之不聞其聲，循之不得其身。無形而有形生焉，無聲而五音鳴焉，無味而五味形焉，無色而五色成焉。是故有生於無，實出於虛。

「視之不見其形，聽之不聞其聲，循之不得其身」說明天道的混沌忽恍，然而這並不代表天道就是無，「無形生有形，無聲生五音，無生五味，無色生五色」即表明「有生於無」。天道的沒有任何形象有二層含義：一、天道作爲天地之前的原始狀態是渾然未分；二、天道作爲萬物運動的規律是內在的，也就是在現象背後作支配的作用，因此是沒有任何感覺可以直接掌握。〈原道訓〉云：

夫道者，覆天載地，廓四方，柝八極。高不可際，深不可測。包裹天地，稟授無形。原流泉浡，沖而徐盈。混混滑滑，濁而徐清。故植之而塞于天地，橫之而彌于四海。施之無窮，而無所朝夕。舒之幎於六合，卷之不盈於一握。約而能張，幽而能明。弱而能強。柔而能剛。橫四維而含陰陽，紘宇宙而章三光。甚淖而㴖，甚纖而微。山以之高，淵以之深。獸以之走，鳥以之飛。日月以之明，星歷以之行。麟以之游，鳳以之翔。

《淮南子》描述天道從天地的開創，到化生萬物，一直是無所可見。自大自小，自外自內，永恆不變。天道沒有任何形象，但卻是具體萬物的源泉，而且持續不絕；萬物的原始亦因爲來自這幽冥無形的渾沌，所以才能成就其特質，而形成獨特鮮明的個別性，造就這多采多姿的世界。「沖而徐盈」「濁而徐清」即是天道化生萬物，由混沌而具體有形的過程。

再者，《淮南子》的天道觀雖然是「覆天載地，廓四方，柝八極。高不可際，深不可測。包裹天地，稟授無形。……山以之高，淵以之深。獸以之走，鳥以之飛。日月以之明，星歷以之行。麟以之游，鳳以之翔」，無所不包，無所不在，然而其天道的本體卻是承老子「寂靜」的觀念而來。

《老子》十六章：「致虛極，守靜篤。萬物並作，吾以觀復。夫物芸芸，

各復歸其根。歸根曰靜，是謂復命。復命曰常。」「根」是根本；又三十九章：「天得一以清，地得一以寧。」「清」是清靜，「寧」是寧靜。老子這二段話是說天道的本身是寂靜。老子認為天道是澹泊無為，清靜不爭，靜是大道的常態──清靜為天下正（四十五章），天道是萬物的創造者，既為萬物的創造者，必然與萬物無所爭，無所爭必然是清靜，「天之道，不爭而善勝」（七十三章）；爭是天道的變態，非正道，「天道以清將恐裂，地無以寧將恐發」（三十九章）。這都是老子說明天道是澹泊無為，清靜不爭，是寂靜的。

《淮南子》全書並無直言天道乃「寂靜」，但是我們可以由其他的言論見解，旁敲側擊，得知《淮南子》對天道的性質所持的觀點是寂靜：

> 是故達於道者，反於清靜（〈原道訓〉）

通達天道的人，可以返回人本身具有的清靜之性，而人的清靜之性乃是天性：

> 人生而靜，天之性也。……故達於道者，不以人易天（同上）

通達天道的人，不會以外在的人欲來改變其天性，因此可知天道的性質是「寂靜」。又

> 古之人有處混冥之中，神氣不蕩於外，萬物恬漠以愉靜（〈俶真訓〉）

萬物因為得天道（混冥），所以「愉靜」，可知天道的特質為「寂靜」。而

> 靜漠恬澹，所以養性也，和愉虛無，所以養德也。外不滑內，則性
> 得其宜，性不動和，則德安其位。養生以經世，抱德以終年，可謂
> 體道也（同上）

這一則雖然是在講養性，但是我們從它所言，其所養之性如能達到「寂靜」，不為外物所干擾，就是掌握了天道的根本，可知《淮南子》天道是「虛無寂靜」。

七、柔弱之說

《老子》四十章言：「反者道之動，弱之道之用。」一語即道出天道的性質在於「柔弱」，七十六章亦言：「人之生也柔弱，其死也堅強；萬物草木之生也柔弱，其死也枯槁。故堅強者死之徒，柔弱者生之徒。」強調唯為柔弱才是生存之道。《淮南子》亦承襲老子天道的性質是「柔弱」之說：

> 是故柔弱者，生之幹也；而堅強者，死之徒也。（〈原道訓〉）

老子為讓世人了解柔弱的真正優點，而以水來比喻之：「天下莫柔弱於水，而攻堅強者，莫之能勝，以其無以易之。弱之勝強，柔之勝剛，天下莫不知，莫能行。」（七十八章）《淮南子・原道訓》亦大篇幅以水的柔弱來比喻天道：

> 天下之物，莫柔弱於水。然而大不可極，深不可測。脩極於無窮，
> 遠淪於無涯。息耗減益。通於不訾。上天則爲雨露，下地則爲潤澤。
> 萬物弗得不生，百事不得不成。大包群生，而無好憎。澤及跂蟯，
> 而不求報。富贍天下而不既，德施辟姓而不費。行而不可得窮極也，
> 微而不可得把握也。擊之無創，刺之不傷。斬之不斷，焚之不然。
> 淖溺流遁，錯繆相紛，而不可靡散。利貫金石，強濟天下。動溶無
> 形之域，而翱翔忽區之上。邅回川谷之間，而滔騰大荒之野。有餘
> 不足，與天地取與，授萬物而無所前後。是故無所私而無所公，靡
> 濫振蕩，與天地鴻洞。無所左而無所右，蟠委錯紾，與萬物始終，
> 是謂至德。夫水之所以能成其至德於天下者，以其淖溺潤滑也。

《淮南子》以水與天道相比喻，因爲水的性質柔弱，性情居下，但卻擊之無創，刺之不傷，斬之不斷，燒之不燃，而且力量大起來可以通濟天下，可以貫穿金石，所以可以與天道相比喻。而水沒有盡頭，深到無法測量，蒸發爲雨露而潤澤大地，萬物的生長不能沒有它，但是它施予萬物卻沒有公私之分，亦不求回報，這是它最高的德性，也是其偉大之處。水之所以能成就萬物，其最高德性就在於它的性情柔弱，所以與能萬物共始終。這正是天道的特質所在。

八、陰陽與氣

綜合以上，《淮南子》的天道觀就如高誘注所言「其旨近老子」，然因爲它已摻雜「儒、道、墨、法、陰陽」的思想，形成所謂黃老道家，因此必有不同於老莊之處。就其天道觀而言，最大不同處在於因爲它受了陰陽家相當程度的影響，因此在描述天道的本體性質時，不免摻雜陰陽家典型的「陰陽」與「氣」，成爲後代學者欲將它劃歸道家時的阻礙之一。

其實在《老子》一書中亦有提及陰陽：「萬物負陰而抱陽，沖氣以爲和。」（四十二章）然而書中「陰陽」二字僅此一見；「氣」雖然有三處〔註 2〕，但也只有「沖氣以爲和」的「氣」字較有意義。至於莊子曾在《大宗師〉一文

〔註 2〕除四十二章所言「沖氣以爲和」外：另有第十章：「專氣致柔，能嬰兒乎？」的「專氣」，依余培林先生《新譯老子讀本》註譯：「河上公曰：『專守精氣使不亂。』按「氣」指生理的本能，『專』是聽任的意思。『專氣』謂聽任生理本能的自然，而不加入心知的作用。」（P30）；及五十五章：「心使氣強」，依余氏解此「氣」亦是「生理的本能」（P90）

提出「天地之一氣」〔註3〕，並且說明萬物的生死變化皆來自「氣」的聚散：

> 人之生，氣之聚也；聚則爲生，散則爲死。若死生爲徒，吾又何患！
> 故萬物一也，是其所美者爲神奇，其所惡者爲臭腐；臭腐復化爲神
> 奇，神奇復化爲臭腐。故曰：「通天下一氣耳」。

莊子於〈大宗師〉與〈知北遊〉二文提出「氣」爲萬物所共有，使老子的天道藉「氣」而落實於萬物之中，不再僅是「玄之又玄，眾妙之門」（一章）的概念。《淮南子》除了接受莊子「氣」的思想外，另外一方面，因爲自從戰國末期以來，陰陽五行之說大肆盛行，而陰陽五行都是「氣」，於是《淮南子》形成了與先秦老莊顯然不同的「氣化宇宙觀」。茲分述如左：

（一）陰　陽

> 天地未剖，陰陽未判，四時未分，萬物未生，汪然平靜，寂然清澄，
> 莫見其形。（〈俶眞訓〉）

在天地尚未形成之前的混沌恍惚中，「陰陽未判」之說，表明了天道是含有「陰陽」的成分在內。

> 天地以設，分而爲陰陽。陽生於陰，陰生於陽（〈天文訓〉）
> 天地之襲精爲陰陽，陰陽之專精爲四時，四時之散精爲萬物。積陽
> 之熱氣生火，火氣之精者爲日；積陰之寒氣爲水，水氣之精者爲月，
> 日月之淫爲精者爲星辰（同上）
> 所謂道者，體圓而法方，背陰而抱陽，左柔而右剛，履幽而載明，
> 變化無常，得一之原，以應無方，是謂神明（〈兵略訓〉）

由上述可知，天道乃先天地而生，在分天地之後，再分「陰陽」，〈兵略訓〉更是直言「所謂道者，……背陰而抱陽」，可知《淮南子》的天道是含有「陰陽」的成分。

（二）氣

> 天氣始下，地氣始上，陰陽錯合，相與優游競暢於宇宙之閒，被德
> 含和，繽紛蘢蓯，欲與物接而未成兆朕。（〈俶眞訓〉）

又

> 天含和而未降，地懷氣而未揚，虛無寂寞，蕭條霄霓，無有彷彿氣
> 遂，而大通冥冥者也（同上）

〔註3〕〈大宗師〉：「彼方且與造物者爲人，而遊乎天地之一氣。」

> 天道曰圓，地道曰方。方者主幽，圓者主明。明者吐氣者也，是故
> 火曰外景。幽者合氣者也，是故水曰內景。(〈天文訓〉)

在天地形成的過程中，含有「氣」，可知天道含有「氣」的成分。

（三）陰陽二氣

「陰陽」與「氣」，並不是截然分開，陰陽本身即是「氣」：

> 道始于虛霩，虛霩生宇宙，宇宙生氣，氣有涯垠，清陽者薄靡而為
> 天，重濁者凝滯而為地。清妙之合專易，重濁之凝竭難，故天先成
> 而地後定。天地之襲精為陰陽，陰陽之專精為四時，四時之散精為
> 萬物。積陽之熱氣生火，火氣之精者為日；積陰之寒氣為水，水氣
> 之精者為月，日月之淫為精者為星辰。(〈同上〉)

將〈天文訓〉所言這段話，以二個圖來表示，有助於我們了解天道如何含陰
陽二氣（參見吳光《儒道論述》P58）：

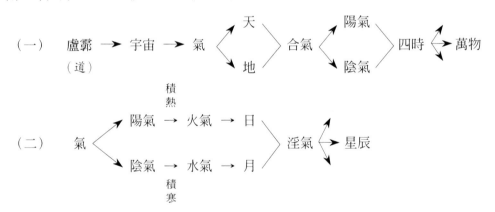

從圖（一）可以得知，天道是宇宙萬物的根本，而「陰陽二氣」乃天道
所生；再從圖（一）與圖（二）可以得知，由天道所產生的「氣」是構成天
地日月星辰，與萬物的基本要素；又〈精神訓〉云：

> 古未有天地之時，惟象無形。窈窈冥冥，芒芠漠閔；澒濛鴻洞，莫
> 知其門。有二神混生，經天營地，孔乎莫知其所終極，滔乎莫知其
> 所止息。於是乃別為陰陽，離為八極。剛柔相成，萬物乃形。煩氣
> 為蟲，精氣為人。

由這段話可以得知天道是含有「陰陽二氣」的。

（四）陰陽交感，萬物化生

《淮南子》天道觀不僅認為天道化生天地含有「陰陽二氣」，而且之所以

能化生萬物是來自於「陰陽交感」：

> 道曰規始於一，一而不生，故分而爲陰陽。陰陽合而萬物生。故曰：
> 一生二，二生三，三生萬物（〈天文訓〉）

> 天之偏氣，怒者爲風；地之含氣，和者爲雨。陰陽相薄，感而爲雷，
> 激而爲霆，亂而爲霧。陽氣勝則散而爲雨露，陰氣勝則凝而爲霜雪。
> 毛羽者，飛行之類也，故屬於陽。介鱗者，蟄伏之類也，故屬於陰。
> 日者陽之主也，是故春夏則群獸除，日至而麋鹿解。月者陰之宗也，
> 是以月虛而魚腦流，月死而蠃蚨䏰（同上）

此段更是敘述萬物是如何由天地陰陽四時而來：風雨雷霆、霧露霜雪，皆陰
陽之氣所產生。古人將動物分爲四大類：毛、羽、介、鱗，此四類代表者是
虎、鳳、龜、龍，〈天文訓〉將毛羽類屬於陰，介鱗類屬於陽。

> 古未有天地之時，惟象無形。窈窈冥冥，芒芠漠閔；澒濛鴻洞，莫
> 知其門。有二神混生，經天營地，孔乎莫知其所終極，滔乎莫知其
> 所止息。於是乃別爲陰陽，離爲八極。剛柔相成，萬物乃形。煩氣
> 爲蟲，精氣爲人。（〈精神訓〉）

宇宙萬事萬物都是由陰陽交感而生，然而陰與陽二者卻是相互對立：「陰者主
方，陽者主圓；陰者主幽，陽者主明；陰者主內，陽者主外；陰者主化，陽
者主施。」（〈天文訓〉）陰陽之所以能化生萬物，主要關鍵在於陰陽之「和」：
「陰陽者，承天地之和，形萬殊之體，含氣化物，以成埒類。」（〈本經訓〉）
《淮南子》認爲只有對立的東西結合起來，才能化生多采多姿的萬物形態，「是
故不同于和可以成事者，天下無之矣」（〈說山訓〉）。

第三節　天道之作用

在了解天道的作用之前，我們必須先知道天道因爲是無限存在，所以當
其爲因應天下萬物時，其作用是無不包的。老子曾以不同的名字稱道〔註4〕，

〔註 4〕依傅佩榮《儒道天論發微》所分析，老子之道的別稱有九：一、大：道之遍
在萬有，無限含容（二十五章、三十四章）；二、小：道之隱密，不爲凡人所
見（三十四章、五十二章）；三、自然：道之自己如此或自然而然的性格（二
十三章、二十五章）；四、天之道：道之公平無私（七十七章、七十九章、八
十一章）；五、眾妙之門：道之玄又玄（一章）；六、天下母：道之存在優越
性（二十五章、五十二章）；七、水：道之柔順謙下（八章）；八、玄牝：道

《淮南子》亦是，爲的都是說明天道的作用是無所不包，所以天道沒有固定的稱謂。

《老子》第一章開宗明義即言「道可道，非常道；名可名，非常名。」明白表示身爲天地萬物根本的天道，是不能解說的，如果能解說，就不是天道了。

而《淮南子》在〈道應訓〉與〈齊俗訓〉也認同了這種說法：

> 道不可聞，聞而非也；道不可見，見而非也；道不可言，言而非也。
> 孰形之不形者乎？故老子曰：天下皆知善之爲善，斯不善矣！故知者不言，言者不知也。（〈道應訓〉）

眞正了解天道的人，因爲明白天道是不可以說，所以說不知天道。

> 往古來今謂之宙，四方上下謂之宇，道在其閒而莫知其所。（〈齊俗訓〉）

天道存在於宇宙當中，但是卻又無法具體掌握。

由這樣看來，天道似乎是神祕而不可知，它「視之不見」、「聽之不聞」、「搏之不得」（《老子》十四章），但是它卻是萬物生化住滅的總原理，「道生一，一生二，二生三，三生萬物」（《老子》四十二章），天道是確實存在，以一個抽象原理存在。老子爲了讓世人了解這抽象的天道，所以只好在不得以的情況下——天道不可言，以「水」這具體之物來比喻天道：「上善若水，水善利萬物而不爭，處眾人之所惡，故幾於道。」（八章）莊子在〈知北遊〉一文回答東郭子道在螻蟻、在梯稗、在瓦甓、甚而在屎溺，可知天道確實無所不在。而《淮南子》在〈原道訓〉中亦大篇幅以「水」來比喻天道：

> 天下之物，莫柔弱於水。然而大不可極，深不可測。脩極於無窮，遠淪於無涯。息耗減益，通於不訾。上天則爲雨露，下地則爲潤澤。萬物弗得不生，百事不得不成。大包群生，而無好憎。澤及蚑蟯，而不求報。富贍天下而不既，德施百姓而不費。行而不可得窮極也，微而不可得把握也。擊之無創，刺之不傷。斬之不斷。焚之不然。淖溺流遁，錯繆相紛，而不可靡散。利貫金石，強濟天下。動溶無形之域，而翱翔忽區之上。遭回川谷之間，而滔騰大荒之野。有餘不足，與天地取與，授萬物而無所前後。是故無所私而無所公，靡濫振蕩，與天地鴻洞。無所左而無所右，蟠委

之無限生機（六章）；九：谷神：道之無限生機（六章）（P225）。

> 錯紾，與萬物始終，是謂至德。夫水之所以能成其至德於天下者，
> 以其淖溺潤滑也。

水的性情柔弱、居下，但卻擊之無創，刺之不傷，斬之不斷，燒之不燃；它的力量大起來可以通濟天下，可以貫穿金石，所以可以與天道相比喻。

除此之外，《淮南子》一書更是在不同事物的描敘中，以不同的稱謂來表示天道，雖然這些稱謂不同，但所指的卻都是一致的。茲分述如左：

（一）一

> 所謂一者，無匹合於天下者也。卓然獨立，塊然獨處，上通九天，
> 下實九，員不中規，方不中矩，大渾而爲一，葉累而無根，懷囊天
> 地，爲道關門。穆忞隱閔，純德獨存。布施而不既，用之而不勤。……
> 道者，一立而萬物生矣（〈原道訓〉）

高誘〈序〉：「一者，道之本也。」此處《淮南子》言天道爲「一」，說明所謂的天道是可大可小，在整個宇宙中沒有可以與其相匹合的事物，故稱爲「一」。天道上可通九天，下可貫九野，在空間上包容一切，在時間上亦無窮無盡，懷抱天地，沒有任何的束縛。所謂「一者，無匹合於天下者也」，天道即是宇宙天地，所以「道者，一立而萬物生矣」。

（二）理

> 一之理，施四海；一之解，際天地（〈原道訓〉）

高誘〈序〉：「理，道也」，天道可以施於四海，是掌握天地變化的樞機。

（三）太昭

> 天地未形，馮馮翼翼，洞洞灟灟，故曰太昭（〈天文訓〉）

天道是先天地而生，因此在天地尙未形成之前，是「馮馮翼翼，洞洞灟灟」的混沌恍惚狀態，因此〈天文訓〉名之爲「太昭」，實指「天道」。

（四）虛霩

> 道始于虛霩，虛霩生宇宙，宇宙生氣（〈天文訓〉）

「道始于虛霩」，其意並非在天道之前還有一個「虛霩」，虛霩意爲「空虛、無形」，而天道不也是空虛、無形，因此虛霩即是天道。

（五）樸

> 樸至大者無形狀，道至眇者無度量。故天之圓也不得規，地之方也

不得矩（〈齊俗訓〉）

「樸」是指原始的質樸存在，即指天道，天道沒有形狀，無法度量，因此天地是無法以圓規來測量的。

（六）太一

洞同天地，渾沌爲樸；未造而成物，謂之太一。同出於一，所爲各異（〈詮言訓〉）

高誘〈敘〉：「太一，元神總萬物者。」太一即天道。天道在尚未創造萬物之前，是一片混沌恍惚狀態。

大致而言，《淮南子》對天道有以上六種不同的稱謂，因爲天道是無限存在，其化生萬事萬物，爲應其需求，自然以不同的形態出現（然而其本質不因萬物形態不同而有所改變），因此有不同的稱謂出現，這是因爲天道的作用無所不包。茲分述其主要作用如左：

一、無爲而無不爲

《淮南子·原道訓》開宗明義即言：

夫道者，覆天載地，廓四方，柝八極。高不可際，深不可測。包裹天地，稟授無形。原流泉浡，沖而徐盈。混混滑滑，濁而徐清。故植之而塞于天地，橫之而彌于四海。施之無窮，而無所朝夕。舒之幎於六合，卷之不盈於一握。約而能張，幽而能明。弱而能強，柔而能剛。橫四維而含陰陽，紘宇宙而章三光。甚淖而凋，甚纖而微。山以之高，淵以之深。獸以之走，鳥以之飛。日月以之明，星歷以之行。麟以之游，鳳以之翔。

〈原道訓〉這一段話，描述天道的混沌恍惚，無所不在，天地因它而分化，萬物因它而化生，施予萬物本質，使萬物得其本質而成就其特性；然而，天道雖然化生萬物，並成就萬物截然鮮明的外在形態，但卻不據爲己有，也不主宰它。〈原道訓〉云：

夫太上之道，生萬物而不有，成化像而弗宰。跂行喙息，蠕飛蠕動，待而後生，莫之知德。待之後死，莫之能怨。得以利者不能譽，用而敗者不能非。收聚畜積而不加富，布施稟授而不益貧。

天道化生萬物，但不主宰萬物，誠如老子所言：

> 萬物恃之而生而不辭，功成而不有。衣養萬物而不爲主（三十四章）
>
> 萬物作焉而不辭，生而不有，爲而不恃，功成而不居（二章）
>
> 生而不有，爲而不恃，長而不宰，是謂玄德（五十一章）

天道化生萬物，不僅不主宰萬物，而且不據爲己有；在施予萬物的本性時，亦不刻意控制其本性，而任其自由發展，這是「無私」的表現，如《老子》第七章：

> 天長地久。天地之所以能長且久者，以其不自生，故能長生。是以
> 聖人後其身而身先，不其身而身存。非以其無私耶？故能成其私。

天地之所以長久，正是來自於天道的無私。就如同父母生育兒女一樣，在父施母受之後，胎兒究爲男或爲女，爲美或爲醜，甚而四肢是否健全，父母完全無權決定，而胎兒亦無法自行抉擇，在受精之後的形成變化，是胎兒的自化，即稟受「自然」。萬物正因爲承襲天道的「無私」──自然，所以才能生生不息。

　　天道的性質因爲是「自然」，所以其作用是「無爲」，然而無爲並非什麼事都不做，而是順應天道的性質，「不先物爲也」（〈原道訓〉），〈主術訓〉：「無爲者，道之宗。故得道之宗，應物無窮。」而《老子》三十七章亦言：「道常無爲而無不爲。」天道是順應自然的，不造假，好像一切都無所爲；但是萬物都是由天道所生，靠天道而生長，所以事實上天道是「無所不爲」的：

> 所謂無爲者，不先物爲也。所謂無不爲者，因物之所爲。所謂無治
> 者，不易自然也。所謂無不治者，因物之相然也。萬物有所生，而
> 獨知守其根。百事有所出，獨知守其門。故窮無窮，極無極。（〈原
> 道訓〉）

所謂「無爲」，就是在事物尚未到來時就先行動；所謂「無不爲」，就是要順應萬物的行動；所謂的「無治」就是不改變萬物自然的習性；所謂「無不治」就是適應萬物變化的規律。萬物都有其產生的地方，只有天道才能窮究它的根本。〈俶真訓〉云：

> 道出一原，通九門，散六衢，設於無垓坫之宇。寂漠以虛無，非有
> 爲於物也，物以有於己也。是故舉事而順于道者，非道之所爲也，
> 道之所施也。

爲何說天道是「無爲」，因爲「今夫萬物之疏躍枝舉，百事之莖葉條蘖，皆本於一根，而條循千萬也」，萬物皆本於天道，因此行事只要順從天道的規律，

自然不會有任何特別的作爲。而〈道應訓〉所言更進一步說明唯有「無爲」，才能達到天道的最高境界：

> 光耀問於無有，曰：「子果有乎？其果無有乎？」無有弗應也。光耀
> 不得問，而就視其狀貌，冥然忽然，見之不見其形，聽之不聞其聲，
> 搏之不可得，望之不可極也。光耀曰：「貴矣哉！孰能至于此乎？子
> 能有無矣，未能無無也。及其爲無無，又何從至於此哉？」故《老
> 子》曰：「無有入于無閒，吾是以知無爲之有益也。」

順應天道的「無爲」，就是「無所不爲」，這才是天道最高境界的作用。

二、造分天地、化生萬物

《老子》四十二章言：「道生一，一生二，二生三，三生萬物。」認爲天道是萬物的根本，一切萬物皆生於天道；而天道是「視之不見、聽之不聞、搏之不得」（十四章），「惟恍惟惚，恍兮惚兮」（二十一章），「不可聞、不可見、不可言」（《莊子・知北遊》）；但是「天下萬物生於有，有生於無」（《老子》四十章），由天道化生出來的萬物卻是可見的，所以宇宙的演變是由無到有。《淮南子》言萬物的演變中，〈俶眞訓〉、〈天文訓〉與〈精神訓〉是很精釆的三篇，今茲述如下：

（一）分天地

〈俶眞訓〉云：

> 有始者，有未始有有始者，有未始有夫未始有有始者。有有者，
> 有無者，有未始有有無者，有未始有夫未始有有無者。所謂有始
> 者，繁憤未發，萌兆牙蘗，未有形埒垠堮，無無蠕蠕，將欲生興
> 而未成物類。有未始有有始者。天氣始下，地氣始上，陰陽錯合，
> 相與優游競暢于宇宙之閒，被德含合，繽紛蘢蓯，欲與物接而未
> 能成兆朕。有未始有夫始有有始者。天含和而未降，地懷氣而未
> 揚，虛無寂寞，蕭條霄霈，無有彷彿，氣遂而大通冥冥者也。有
> 有者。言萬物摻落，根莖枝葉，青蔥苓蘢，萑蔰炫煌，蠉飛蠕動，
> 蚑行噲息，可切循把握而有數量。有無者。視之不見其形，聽之
> 不聞其聲，捫之不可得也，望之不可極也，儲與扈冶，浩浩瀚瀚，
> 不可隱儀揆度而通光耀者。有未始有有無者。包裹天地，陶冶萬

物，大通混冥，深閎廣大，不可為外；析豪剖芒，不可為內；無
環堵之宇，而生有無之根。有未始有夫未始有有無者。天地未剖，
陰陽未判，四時未分，萬物未生，汪然平靜，寂然清澄，莫見其
形，若光耀之閒於無有，退而自失也。曰予能有無，而未能無無
也，及其為無無，至妙何從及此？

〈俶真訓〉這七個層次是源於《莊子‧齊物論》：「有始者，有未始有有始者，
有未始有夫未始有有始者。有有者，有無者，有未始有有無者，有未始有夫
未始有有無者。」並於每一個層次之後各加上一個內容，作為其宇宙演變的
基本架構。頗符合生物進化的原理。對於這七個層次的順序，並非是順排，
而是交錯排列；但是胡適先生與于大成先生兩個人對〈俶真訓〉這段宇宙演
變的順序似乎有不同的看法，茲比較於下：

胡適先生的看法（參看《中國中古思想史長篇》下 P14～5）：

1. 有未始有夫「未始有有無」者

2. 有未始有夫「未始有有始」者

3. 有「未始有有無」者

4. 有「未始有有始」者

5. 有「有始」者

6. 有「有」者

7. 有「無」者

于大成先生的看法（參看《中國歷代思想家》第二冊劉安 P1035～6）：

1. 有未始有夫「未始有有無」者

2. 有未始有夫「未始有有始」者

3. 有「未始有有無」者

4. 有「無」者

5. 有未始有「有始」者

6. 有「始」者

7. 有「有」者

兩人的同異點如左：

胡適先生〈俶真訓〉宇宙演變之順序	于大成先生〈俶真訓〉宇宙演變之順序
1. 未始有有無	1. 未始有有無
2. 未始有有始	2. 未始有有始
3. 有無	3. 有無
4. 有始　　※	4. 無　　　※
5. 始　　　※	5. 有始　　※
6. 有　　　※	6. 始　　　※
7. 無　　　※	7. 有　　　※

從以上這個表，我們可以很明顯地發現胡氏與于氏兩個人，在這七個層次的前三個層次看法一致，但是從第四個層次以後，兩個人的次序卻截然不同，尤其是胡氏最後一個次序，于氏卻將它置於第四個次序。個人認為這七個層次如果再加上其內容的說明，應是以于氏的說法較為合理。今就于氏這七個層次，依其次序與內容析述如左：

1. 有未始有夫「未始有有無」者

> 天地未剖，陰陽未判，四時未分，萬物未生，汪然平靜，寂然清澄，莫見其形。

這時候的天地還沒有分開，陰陽尚未分離，四季亦未分明，萬物當然也還沒有產生，整個宇宙平靜地無法看見任何的形體。

2. 有未始有夫「未始有有始」者

> 天含和而未降，地懷氣而未揚，虛無寂寞，蕭條宵霓，無有彷彿，氣遂而大通冥冥者也。

接著已有「氣」的產生，但是天氣不下降，地氣亦不上揚，雖然已有「氣」的產生，但是又像是沒有要形成氣似的，且呈現一片昏暗不暢的樣子。

3. 有「未始有有無」者

> 包裹天地，陶冶萬物，大通混冥，深閎廣大，不可為外；析豪剖芒，不可為內；無環堵之宇，而生有無之根。

在這個層次的「氣」已有變化了，大氣包裹了整個宇宙天地，陶冶萬物而萬物尚未產生，「氣」的變化可大可小，小至即使是毫芒亦可以將它加以解剖，雖然如此，但它卻仍是一切萬物之本。

4. 有「無」者

> 視之不見其形，聽之不聞其聲，捫之不可得也，望之不可極也，儲
> 與扈冶，浩浩瀚瀚，不可隱儀揆度而通光耀者。

從以上可知，宇宙演變至今，仍只有「氣」而已。「氣」自然是看不見形體，
聽不到聲音，但卻充塞整個宇宙空間，廣大無垠，因此自然是一望虛無。所
以于氏將「有『無』者」置於第四次序，個人認為較胡氏來得合理。

5. 有未始有「有始」者

> 天氣始下，地氣始上，陰陽錯合，相與優游競暢于宇宙之間。

到第五次序時，「氣」的變化更為顯著，天氣下降，地氣上揚，陰陽二氣交會，
優游於宇宙中，然而萬物依然尚未產生。

6. 有「始」者

> 繁憤未發，萌兆芽蘗，未有形埒垠堮，無無蠕蠕，將欲生興而未成
> 物類。

這時，一切的萬物是處於等待時機的成熟，萬物即將要產生了。

7. 有「有」者

> 言萬物摻落，根莖枝葉，青蔥苓蘢，萑蔰炫煌，蝡飛蝡動，蚑行噲
> 息，可切循把握而有數量。

最後次序是天地產生了實有的萬物，其根莖枝葉青翠茂密，昆蟲也開始
活動了，整個宇宙呈現一片欣欣向榮的樣子。

宇宙的演變是自然而然的，其次序依于氏所言當較符合生物進化的原理。

（二）化生萬物

〈天文訓〉不僅談天道的「分天地」，對於「化生萬物」的過程，比起〈俶
真訓〉是更為精細了：

> 天墜未形，馮馮翼翼，洞洞灟灟，故曰太昭。道始于虛霩，虛霩生
> 宇宙，宇宙生氣。氣有涯垠，清陽者薄靡而為天，重濁者凝滯而為
> 地。清妙之合專易，重濁之凝竭難，故天先成而地後定。天地之襲
> 精為陰陽，陰陽之專精為四時，四時之散精為萬物。積陽之熱氣生
> 火。火氣之精者為日；積陰之寒氣為水，水氣之精者為月。日月之
> 淫為精者為星辰。

〈天文訓〉所言宇宙的形成歷程，大致可如下（參見周桂鈿《中國思想史》

二【秦漢卷〕P111）：

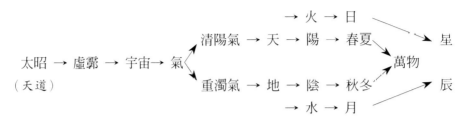

〈天文訓〉所言宇宙的演變歷程是從「天道」開始。天地尚未形成之時，是一片混沌不分、迷迷茫茫的景象，此時只有「天道」。天道生「虛霩」，虛霩生「宇宙」，宇宙又生「氣」，然而氣有清濁，清者為「天」，濁者為「地」，清氣聚合容易，濁氣聚合較為困難，因此天先成而地後定；天地聚集之氣為「陰陽」，陰陽會合之氣產生「四時」，四時消散之氣又產生萬物，陽氣聚集，其熱氣生成「火」，火氣之精為「日」，陰氣聚集，其寒氣生成「水」，水之精為「月」。天道本是虛無，經過幾個演變的階段後，產生物質性的「氣」，然後再由氣化生天地、陰陽、四時與萬物。

（三）化生萬物之靈

〈俶眞訓〉與〈天文訓〉說明天道分天地與化生萬物的歷程，但是〈精神訓〉更進一步闡述在天地萬物中的萬物之靈——人——聚合天地之精氣而成：

> 古未有天地之時，惟像無形。窈窈冥冥，芒芰漠閔；澒濛鴻洞，莫知其門。有二神混生，經天營地，孔乎莫知其所終極，滔乎莫知其所止息。於是乃別為陰陽，離為八極。剛柔相成，萬物乃形。煩氣為蟲，精氣為人。

在天地尚未形成之前，天道是一片混沌恍忽、廣大而毫無邊際的狀態；後來在天道的支配下，產生了「經天營地」的陰陽「二神」；而天地形成之後，整個宇宙分別出「陰陽二氣」，在陰陽二氣的交互作用下，具體的萬物形成了；其中，雜亂渾濁之氣變成蟲類，精微細致之氣則變成人類。我們可以將這段表達「萬物之靈」的演變歷程，圖畫如下（參自吳光《儒道論述》P56～7）：

道→陰陽二神→天地→陰陽二氣→萬物、蟲、人

在這裡，「天道」與陰陽「二神」只是抽象觀念的存在，並非具體物質的存在，直到「二神混生，經天營地」之後，化生萬物的陰陽之氣才是具體的

物質之氣，所以煩氣方能為蟲，精氣方能為人。

　　從以上的敘述，我們可以知道《淮南子》宇宙演變的種種現象，皆是自然生成，並沒有外力的介入，自然沒有鬼神摻雜仕其間，也就排除鬼神主宰或左右萬物的看法，因此《淮南子》的天道觀對於破除迷信是有所貢獻的。

第四節　萬物與天道之關係

　　《淮南子·原道訓》言：「夫太上之道，生萬物而不有，成化像而弗宰。」可知《淮南子》所持的立場乃萬物是為天道所生化，而此觀念乃承老莊天道化生萬物而來，「道生一，一生二，二生三，三生萬物」（《老子》四十二章）、「天下萬物生於有，有生於無」（四十章）、「大道氾兮，其可左右，萬物恃之而生而不辭」（二十七章）；《莊子·大宗師》亦言天道為「萬物之所系，而一化之所待」。

　　至於天道究竟是如何化生萬物？上節已述。蓋天道化生萬物是來自天道本身的自化，天道與萬物並非是二個各體，而一體的。萬物既為天道所生，必依天道而成就其特性。本節所要討論的乃萬物與天道之間的關係，而人亦為萬物之一，基於人的本位立場，因此《淮南子》論述人與天道的關係，以及人如何遵循天道，發揮天道之精神自然較為詳細。

一、自然萬物與天道之關係

　　天道既然化生自然萬物，必與自然萬物有著密不可分的關係，〈繆稱訓〉言：「道者，物之所導也；德者，性之所扶也。」明白指出自然萬物的引導者是天道。而〈原道訓〉論述天道與自然萬物的關係，與〈繆稱訓〉一致：

> 　　夫太上之道，……山以之高，淵以之深。獸以之走，鳥以之飛。日
> 月以之明，星歷以之行。麟以之游，鳳以之翔。

天道既然化生自然萬物，必是自然萬物變化的源泉與依據，而自然萬物依賴天道發揮自己的功能，「道者，物之所導也；德者，性之所扶也」，天道體現於具體事物即為「德」，萬物含德就不會有「虹蜺不出，賊星不行」（〈原道訓〉）的異常出現，這是因「含德之所致」（同上）。

　　然而天道雖然是自然萬物的引導者，而且是其變化的源泉與依據，並非就意味著天道是有意識與目地來主宰自然萬物的生成與變化：

> 夫太上之道，生萬物而不有，成化像而弗宰。跂行喙息，蠉飛蠕動，
> 待而後生，莫之知德。待之後死，莫之能怨。得以利者不能譽，用
> 而敗者不能非。收聚畜積而不加富，布施稟授而不益貧。

這是老子所言「生而不有，為而不恃，長而不宰」（五十一章）天道觀的進一步思想發揮，天道化生自然萬物，但是並不主宰自然萬物，對自然萬物亦沒有任何的情感與恩怨，「天地不仁，以萬物為芻狗」（五章），而自然萬物對天道亦沒有任何情感與恩怨，也就是天道並沒有意識，其化生自然萬物亦沒有任何目地：

> 天致其高，地致其厚，月照其夜，日照其晝，陰陽化，列星朗，非
> 其道而物自然。故陰陽四時，非生萬物也；雨露時降，非養草木也。
> 神明接，陰陽和，而萬物生矣。故高山深林，非為虎豹也；大木茂
> 枝，非為飛鳥也；流源千里，淵深百仞，非為蛟龍也。致其高崇，
> 成其廣大，山居木棲，巢枝穴藏，水潛陸行，各得其所寧焉（〈泰族
> 訓〉）

「非其道而物自然」說明在大自然中，萬事萬物的變化，都是自然如此的，並非是為了某種目地而存在，所以「雨露時降，非養草木」、高山深林，非為虎豹；大木茂枝，非為飛鳥；流源千里，淵深百仞，非為蛟龍」，這是因為它所成就的生活環境，適合該生物的生活條件。

〈原道訓〉進一步解說不同生活環境，適合不同的自然萬物生存：

> 九疑之南，陸事寡而水事眾。於是民人被髮文身，以像鱗蟲。短綣
> 不褲，以便涉游。短袂攘卷，以便刺舟，因之也。鴈門之北，狄不
> 穀食，賤長貴壯，俗尚氣力，人不弛弓，馬不解勒，便之也。故禹
> 之裸國，解衣而入，衣帶而出，因之也。今夫徒樹者，失其陰陽之
> 性，則莫不枯槁。故橘樹之江北，則化而為枳。鴝鵒不過濟，貉渡
> 汶而死。形性不可，勢居不可移也（〈原道訓〉）

自然萬物的發展與環境有密切的關係，不同自然環境的萬物，產生不同的適應性，這是順應天道的屬性。

二、人與天道之關係

《老子》二十五章言：「道大，天大，地大，人亦大。域中有四大，而人居其一焉。」可知在這個宇宙中，人與道、天、地，地位是同樣重要。《淮南

子‧地形訓》言「天一、地二、人三」，可知「人」在《淮南子》中佔著重要的地位，僅居於天地之後。《淮南子》中有數篇敘述「人之生成」的精采言論，頗有意味：

> 一月而膏，二月而胅，三月而胎，四月而肌，五月而筋，六月而骨，七月而成，八月而動，九月而躁，十月而生，形體以成，五藏乃形。是故肺主目，腎主鼻，膽主口，肝主耳，外表而內爲裡，開閉張歙，各有經紀。故頭之圓也象天，足之方也象地，天有四時五行九解三百六十六日，人亦有四肢五藏九竅三百六十六節。天有風雨寒暑，人亦有取與喜怒。故膽爲雲，肺爲氣，肝爲風，腎爲雨，脾爲雷，以與天地相參也，而心爲之主。是故耳目者，日月也；血氣者，風雨也。（〈精神訓〉）

「一月而膏，二月而胅，……九月而躁，十月而生」與今日胎兒的成長過程相近，可知在漢代已有相當進步的醫學觀念。至於人的四肢、五藏、九竅、三百六十六節，就像天道的四時、五行、九節、三百六十六日；而人喜怒哀樂的情緒，就像天道風雨寒暑的變化；人的耳目像日月，血氣像風雨。這種種的說法，都是顯示人的形體所具備的器官，與天道一樣。〈天文訓〉又云：

> 天地以設，分而爲陰陽。陽生於陰，陰生於陽，陰陽相錯，四維乃通。或死或生，萬物乃成。跂行喙息，莫貴於人。孔竅肢體，皆通於天。天有九重，人亦有九竅。天有四時以制十二月，人亦有四以使十二節。天有十二月以制三百六十日，人亦有十二肢以使三百六十節。故舉事而不順天者，逆其生者也。

〈天文訓〉與〈精神訓〉所言有著異曲同工之妙。這「天人合一」的觀念在漢代非常流行，其認爲人的眼耳鼻口等器官，及肢體，都和大自然息息相關。如天以春夏秋冬四季來分制十二個月份，而人亦以四肢來貫通十二經脈；天以十二個月份來分制三百六十日，人亦以十二肢幹來掌握三百六十節。既然人體的一切構造，皆與天道的構造一樣，那麼人所做的事情也必須符合天道的規律，順應天道的法則。

> 古未有天地之時，惟象無形。窈窈冥冥，芒芠漠閔；澒濛鴻洞，莫知其門。有二神混生，經天營地，孔乎莫知其所終極，滔乎莫知其所止息。於是乃別爲陰陽，離爲八極。剛柔相成，萬物乃形。煩氣爲蟲，精氣爲人。是故精神，天之有也；而骨骸者，地之有也。精

神入其門，而骨骸反其根（同上）

由本段話可知《淮南子》認爲人不僅爲天道所生，而且是天地間的精氣所生，精神屬於天，骨骸屬於地。屬於天者爲無形，所以精神在歸於天門之後才會不見；而骨骸屬於地，是有形的，死後歸於地才會消失，這是因爲人爲天地之精，所以生時存在於天地，死後亦回歸於天地。

人身既然取象於天道，因此人對於天道，必須順從其規律，不可違背它。順應天道則逸而功，違逆天道則諸事不成；因爲順應天道，方能與天道合一，這才是得道。得天道之人，方能執天道以應萬事萬物，其所作所爲當然是自然簡易。這種例子在《淮南子》書中隨處可見，如：

> 昔者馮夷、大丙之御也，乘雲車，入雲蜺，游微霧，驚怳恍忽。歷遠彌高以極往，經霜雪而無跡，照日光而無景，扶搖抮抱羊角而上。經紀山川，蹈騰昆侖；排閶闔，淪天門。末世之御，雖有輕良馬，勁策利鍛，不能與之爭先。是故大丈夫恬然無思，澹然無慮，以天爲蓋，以地爲輿，四時爲馬，陰陽爲御，乘雲凌霄，與造化者俱。縱志舒節。以馳大區。可以步而步，可以驟而驟。令雨師灑道，使風伯掃塵。電以爲鞭策，雷以爲車輪。上游於霄霈之野，下出於無垠之門。劉覽偏照，復守以全。經營四隅，還反於樞。故以天爲蓋，則無不覆也；以地爲輿，則無不載也。四時爲馬，則無不使也。陰陽爲御，則無不備也。是故疾而不搖，遠而不勞，四支不動，聰明不損，而知八紘九野之形埒者，何也？執道之柄，而游於無窮之地。是故天下之事不可爲也。因其自然而推之：萬物之變不可究也，秉其要歸之趣。夫鏡水之與形接也，不設智故，而方圓曲直弗能逃也。是故響不肆應，而景不一設。呼叫彷彿，默然自得。

馮夷和大丙是能掌握天道的人，所以他們可以通行至遠，可以遊觀無窮之地。其所持的立場乃天下之事不可以人爲的方法來治理，因爲人爲的方法是違反自然的，不能得到萬物變化的旨趣，因而行事自然較爲費力。

> 夫道有經紀條貫，得一之道，連千枝萬葉。是故貴有以行令，賤有以忘卑，貧有以樂業，囷有以處危。夫大寒至，霜雪降，然後知松柏之茂也。據難履危，利害陳于前，然後知聖人之不失道也。是故能戴大員者履大方，鏡太清者視大明，立太平者處大堂。能游冥冥者，與日月同光。是故以道爲竿，以德爲綸，禮樂爲鉤，仁義爲餌，

投之於江，浮之於海，萬物紛紛，孰非其有（〈俶眞訓〉）

因爲天地萬物均爲天道所有，所以能掌握天道樞要的人，貴者能忘其貴，賤者能忘其賤，無論什麼事均可以迎刃而解。

　　夫臨江而釣，曠日而不能盈羅。雖有鉤箴芒距，微綸芳餌，加之以
　　詹何娟嬛之數，猶不能與網罟爭得也。射者扞烏號之弓，彎棋衛之
　　箭，重之以羿、逢蒙子之巧，以要飛鳥，猶不能與羅者競多。何則？
　　以所持之小也。張天下以爲之籠，因江海以爲罟，又何亡魚失鳥之
　　有乎？故矢不若繳，繳不若無形之象。夫釋大道而任小數，無異於
　　使蟹捕鼠，蟾蜍捕蚤，不足以禁姦塞邪，亂乃逾滋。……故機械之
　　心藏于胸中，則純白不粹，神德不全。在身者不知，何遠之所能懷？
　　是故革堅則兵利，城成則衝生。若以湯沃沸，亂乃逾甚。是故鞭噬
　　狗，策踶馬，而欲敎之，雖伊尹造父弗能化。欲害之心亡於中，則
　　飢虎可尾，何況狗馬之類乎？故體道者逸而不窮，任數者勞而無功
　　（〈原道訓〉）

這段話是說明以天道則成功，則權術則失敗的理論。人要得天道，因爲天道可以使人淡忘心機，用術愈精，則防備愈多。

　　夫善游者溺，善騎者墮。各以其所好，反自爲禍。是故好事者未嘗
　　不中，爭利者未嘗不窮也。昔共工之力，觸不周之山，使地東南傾。
　　與高辛爭爲帝，遂潛于淵，宗族殘滅，繼嗣絕祀。越王翳逃山穴，
　　越人熏而出之，遂不得已。由此觀之，得在時，不在爭。治在道，
　　不在聖（〈原道訓〉）

這一段話雖然是以共公與高帝二個神話故事爲例子，但是主要在闡明想要獲得成功，必須順應自然之「道」，而不是人爲之「術」；因爲人往往憑藉著他們自認爲內行的技術，而忽略了凡是人爲必定有所失，就像善於游泳的人往往被水淹溺，善於騎馬的人往往在跌下馬時被馬踩斃。

　　故蒲且子之連鳥於百仞之上，而詹何之鶩魚於大淵之中，此皆得清
　　淨之道，太浩之和也（〈覽冥訓〉）

蒲且子的善射與詹何的善釣，都是體認天道之後所得到的方法與技巧。天道與權術雖然爲天然與人爲之別，然而若是循天道所行的權術，則與天然沒有什麼兩樣，所謂「誠於中，形於外」，心存於內，自然顯於外。

　　昔者蒼頡作書，而天雨粟，鬼夜哭；伯益作井，而龍登玄雲，神棲

> 昆侖。能愈多而德愈薄矣。故周鼎著倕，使銜其指，以明大巧之不
> 可爲也（〈本經訓〉）

蒼頡作書，天雨粟，鬼夜哭；伯益作井，龍登玄雲，神棲昆侖，《淮南子》以這
兩則神話故事來說明「術之害」，說明人如果過於崇尚智巧，將有損德性。以現
代眼光來看，這種反對知識進步的觀念，是無法生存在即將邁入二十一世紀的
社會，這雖然只是道家欲達到無爲而治的理念；但是反過來說，現代的我們又
何嘗不是因爲生活過於便利，以致自我生活的能力正逐漸退化了呢！

> 昔者馮夷得道，以潛大川；鉗且得道，以處昆侖。扁鵲以治病，造
> 父以御馬，羿以之斷，倕以之所，所爲者各異，而所道者一也（〈齊
> 俗訓〉）

馮夷、鉗且、扁鵲、造父、后羿與巧人，他們都是得天道之人，但是馮夷得
天道即潛大川，鉗且得天道卻隱居昆侖，扁鵲得天道以之治病，造父得天道
以之御馬，后羿得天道以之射箭，巧人得天道以之雕琢，其所用皆不同，然
得天道的規律卻是一致的。用來說明「道一」則「術無定」

　　以上所言，體道者之所以能優游自處，是因爲天道是「至高無上，至深
無下，平乎準，直乎繩，圓乎規，方乎矩，包裹宇宙而無表裡，洞洞覆載而
無所礙」（〈繆稱訓〉），天道沒有特定的形狀，因此能在廣漠的宇宙中大化流
行，所以「體道者，不哀不樂，不喜不怒，其坐無慮，其寢無夢，物來而名，
事而來應」（同上）。體道者能在坐臥時優游自處，無牽無掛，這是因爲他們
掌握了天道的樞機。《淮南子》將老莊抽象的天道落實於具體的人道，讓世人
能依循天道行事。本乎此一認知，《淮南子》便進一步提出人如何依循天道，
發揮天道的建議，今分別就「處事哲學」、「人生哲學」、「政治哲學」三方面
來尋譯。

（一）處事哲學

　　既然能掌握天道的樞機，遵循天道的規律，始能優游自處，因此人們在
處事上，自然必須秉持著天道而不可違逆，於是《淮南子》書中乃提出種種
處事的原則以爲訓勉：

第一、自　然

　　〈原道訓〉云：

> 土處下，不在高，故安而不危。水下流，不爭先，故疾而不遲。昔

> 舜耕於歷山，期年而田者爭處墝埆，以封壤肥饒相讓。釣於河濱，
> 期年而漁者爭處湍瀨，以曲隈深潭相予。當此之時，口不設言，手
> 不指麾，執玄德於心，而化馳若神。使舜無其志，雖口辯而戶說之，
> 不能化一人。是故不道之道，莽乎大哉！夫能理三苗，朝羽民，徙
> 裸國，納肅愼，未發號施令，而移風易俗者，其唯心行者乎？法度
> 刑罰，何足以致之也？

天道並無法以準確的言辭表達出來，它是以行動來表達。因此舜在歷山耕田時，一年之後，種田的農夫爭著把肥沃的田地讓給別人；在河邊釣魚，一年之後，漁夫爭著把多魚的港灣與深潭讓給別人。這是因為舜的所作所為是依循著天道——自然，所以不必說服百姓，當然就能感化大家。又

> 泰古二皇，得道之柄，立於中央。神與化游，以撫四方。是故能天
> 運地滯，輪轉而無廢，水流而不止，與萬物終始。風興雲蒸，事無
> 不應。雷聲雨降，並應無窮。鬼出電入，龍興鸞集。鈞旋轂轉，周
> 而復匝。已雕已琢，還反於樸。無爲爲之而合于道，無爲言之而通
> 乎德。恬愉無矜而得於和；有萬不同而便於性。神托秋毫於末，而
> 大宇宙之總。其德優天地而和陰陽，節四時而調五行。呴諭覆育，
> 萬物群生。潤於草木，浸於金石。禽獸碩大，豪毛潤澤。羽翼奮也，
> 角觡生也。獸胎不贕，鳥卵不毈。父無喪子之憂，兄無哭弟之哀。
> 童子不孤，婦人不孀。虹蜺不出，賊星不行。含德之所致也（同上）

伏羲和神農這二位泰古二皇是體道者，凡事皆能順應自然之道，不以人為的造假，就像四時五行的轉輪循環，沒有停息。說明人只要能順應天道而行，其所作即能如天道——自然一樣。

第二、柔　弱

〈原道訓〉云：

> 故得道者，志弱而事強，心虛而應當。所謂志弱而事強者，柔毳安
> 靜，藏於不敢，行於不能，恬然無慮，動不失時，與萬物回周旋轉，
> 不爲先唱，感而應之。是故貴者必以賤爲號，而高者必以下爲基。
> 託小以包大，在中以制外。行柔而剛，用弱而強，轉化推移，得一
> 之道，而以少正多。所謂其事強者，遭變應卒，排患扞難，力無不
> 勝，敵無不凌，應化揆時，莫能害之。是故欲剛者，必以柔守之；
> 欲強者，必以弱保之。積於柔則剛，積於弱則強。觀其所積，以知

> 禍福之鄉。強勝不若己者，至於若己者而同。柔弱勝出於己者，其
> 力不可量。故兵強則滅，木強則折，革固則裂，齒堅於舌，而先之
> 敝。

這一段主要在說明得天道之人守柔的道理。「柔弱」是天道的性質之一，所以
得天道的人，表面看起來似乎懦弱，但行起事卻能隨萬物的變化而應和，所
以他們能知道禍福發生的方向，應對變化，順應時勢。

〈原道訓〉又云：

> 是故柔弱者，生之幹也；而堅強者，死之徒也。先唱者，窮之路也；
> 後動者，達之原也。何以知其然也？凡人中壽七十歲，然而趨舍指湊，
> 日以月悔也，以至於死。故蘧伯玉年五十，而有四十九年非。何者？
> 先者難為知，而後者易為攻也。先者上高，則後者攀之。先者踰下，
> 則後者跟之。先者隤陷，則後者以謀。先者敗績，則後者違之。由此
> 觀之，先者則後者之弓矢質的也。猶錞之與刃，刃犯難而錞無患者，
> 何也？以其託於後位也。此俗世庸民之所以公見也，而賢知者弗能避
> 也。所謂後者，非謂其底滯而不發，凝結而不流，貴其周於數而合於
> 時也。夫執道理以耦變，先亦制後，後亦制先。是何則？不失其所以
> 制人，人不能制也。時之反側。間不容息。先之則太過，後之則不逮。
> 夫日回而月周，時不與人游。故聖人不貴尺之璧，而重寸之陰。時難
> 得而易失也。禹之趨時也，履遺而弗取，冠挂而弗顧，非爭其先也，
> 而爭其得時也。是故聖人守清道而抱雌節，因循應變，常後而不先。
> 柔弱以靜，舒安以定，攻大砍磨堅，莫能與之爭。

這一段話主要是在說明得天道的人「不敢為天下先」的道理。「不敢為天下先」
是老子三寶之一：「不敢為天下先，故能成器長……舍後且先，死已。」（六
十七章）道家認為先行者往往是失敗的，這是因為先行者遇事無法預知，而
後行者卻可以藉先行者的經驗，通往成功之路，就像人往往有「今是昨非」
之嘆。然而後行者並非是停滯不前，先行者也並非完全失敗者，最可貴的是
「周於數而合於時」，「執道理以耦變」，如此一來，恪守「因循應變」之道，
先可制後，後亦可制先。

第三、無　為

〈覽冥訓〉云：

> 昔者王良造父之御也，上車攝轡，馬為整齊而斂諧，投足調均，勞

> 逸若一，心怡氣和，體便輕畢，安勞樂進，馳騖若滅，左右若鞭，
> 周旋若環，世皆以爲巧，然未見其貴者也。若夫鉗且大丙之御，除
> 轡銜，去鞭棄策，車莫動而自舉，馬莫使而自走也，日行月動，星
> 耀而玄運，電奔而鬼騰，進退屈伸，不見朕垠。故不招指，不咄叱，
> 過歸鴈於碣石，軼鶤於姑餘，騁若飛，騖若絕，縱失躡風，追猋歸
> 忽，朝發榑桑，日入落棠。

以王良、造父及鉗且、大丙駕馭馬車作比較，如果單單只是以「術」來駕馭，雖然世人都認爲他們技藝高超，但是卻不會爲人所稱讚；反過來說，如果是以天道來駕馭，根本不須要轡銜鞭策，「車莫動而自舉，馬莫使而自走也」，這就是「不御爲御，稱爲神御」（呂凱《淮南子》神仙道家 P197）無爲而自得了。

天道之性質——無爲，聖人體道，當然無爲，所以能優游自在於大道中，因此體道者是「惛若純醉而甘臥以游其中，而不知其所由至也」（同上）。

（二）人生哲學

「形上之道爲本，人生之道爲用」（羅光《中國哲學思想史》先秦篇 P712），能以天道爲本，具體落實於人道，即是將天道的菁華做一完美的展現。

第一、恬靜寡欲

何以說人性是「恬靜寡欲」？〈原道訓〉云：

> 人生而靜，天之性也。感而後動，性之害也。物至而神應，知之動
> 也。知與物接，而好憎生焉。好憎成形，而知誘於外，不能反己，
> 而天理滅矣。故達於道者，不以人易天。外與物化，而內不失其情。
> 至無而供其求，時騁而要其宿。小大脩短，各有其具。萬物之至，
> 騰踴肴亂，而不失其數。是以處上而民弗重，居前而眾弗害。天下
> 歸之，姦邪畏之，以其無爭於萬物也。故莫敢與之爭。

〈俶眞訓〉更進一步以水來比喻：

> 水之性眞清，而土汩之。人性安靜，而嗜欲亂之。夫人之所受於天
> 者，耳目之於聲色也，口鼻之於芳臭也，肌膚之於寒燠也，其情一
> 也。或通於神明，或不免於痴狂者，何也？其所爲制者異也。是故
> 神智之淵也，淵清者智明也。智者心之府也，智公則心平矣。人莫
> 鑑於流沫，而鑑於止水者，以其靜也。莫窺形於生鐵，而窺於明鏡
> 者，以睹其易也。夫唯易且靜，形物之性也。由此觀之，用也必假

之於弗用也。是故虛室生白，吉祥止也。

人性本來是恬靜寡慾，之所以會有喜愛、厭惡的反映，是因爲受到外物的感觸，有所活動，以致無法回到本性，就如同水的本質本來是清澈，因爲泥土的混濁，才失去本來的面目。而水之所以能保有清澈，是因爲不受泥土的混濁；人性亦如此，「靜漠恬澹，所以養性也；和愉虛無，所以養德也。外不骨內，則性得其宜。性不動和，則德安其位」〈原道訓〉，心性安靜不被外在的嗜欲所誘惑干擾，即「率性而行謂之道」〈齊俗訓〉，通達天道的人才能保持神智的澄明，心靈就會平靜，「人莫鑑於流沫，而鑑於止水者，以其靜也」，道理即在此。

但是只要是人，就不能離群索居，在人群的社會裡，生活環境必定會對人性產生若干的影響：

> 原人之性，蕪穢而不得清明者，物或埋之也。羌氏僰翟，嬰兒生皆同聲，及其長也，雖重象狄騠，不能通其言，教俗殊也。今三月嬰兒生而徒國，則不能知其故俗。由此觀之，衣服禮俗者，非人之性也，所受於外也。夫竹之性浮，殘以爲牒，束而投之水則沈，失其體也。金之性沈，託之於舟上則浮，勢有所支也。夫素之質白，染之以涅則黑；縑之性黃，染之以丹則赤。人之性無邪，外湛於俗則易。易而忘本，合於若性。（〈齊俗訓〉）

「人之性無邪，外湛俗則易」，〈齊俗訓〉這種說法是認爲人性如同一面沒有塵埃的鏡子，既沒有仁義，也沒有邪惡，也就是人性是無所謂的善，亦無所謂的惡，因此它會因外在的環境而有所改變。一旦人性因外物而有所迷惑，後天的教化是可以將它改正回來的，〈修務訓〉以馬爲例說明：

> 夫馬之爲草駒之時，跳躍揚蹄，翹尾而走，人不能制；齕咋足以噆肌碎骨，蹴蹋足以破盧陷匈。及至圉人擾之，良御教之，掩以衡扼，連以轡銜，則雖歷險超塹弗敢辭。故其形之爲馬，馬不可化；其可以駕御，教之所爲也。馬，聲蟲也，而可以通氣志，猶待教而成，又況人乎。

「故其形之爲馬，馬不可化；其可以駕御，教之所爲也」，〈修務訓〉以馬的外形雖然難以改變，但是馬的個性卻是可以馴服；而「馬，聲蟲也，而可以通氣志，猶待教而成，又況人乎」言明人性亦如馴馬一樣，後天的教化亦可以將人性從迷惑中拯救回來。

第二、無求以養生

天道的性質是「自然」，其作用是「無為」，人秉天道而來，自然是「無為」的，無為並非是什麼事都不做，而是順應萬事萬物自然的習性，不超越其本質，因此對於人而言，「養生」就是順應自然之道。〈精神訓〉與〈俶眞訓〉皆對養生有詳細的說明：

> 夫天地之道，至紘以大，尚猶節其章光，愛其神明，人之耳目，曷能久熏勞而不息乎？精神何能久馳騁而不既乎？是故血氣者，人之華也；而五臟者，人之精也。夫血氣能專於五藏而不外越，則胸腹而嗜欲省矣。胸腹充而嗜欲省，則耳目清、聽視達矣。耳目清、聽視達，謂之明。五藏能屬於心而無乖，則勃志勝而行不僻矣。勃志勝而行之不僻，則精神盛而氣不散矣。精神盛而氣不散則理，理則均，均則通，通則神，神則以視無不見，以聽無不聞也，以爲無不成也。是故憂患不能入也，而邪氣不能襲。故事有求之於四海之外而不能遇，或守之形骸之內而不見也。故所求多者所得少，所見大者所知少（〈精神訓〉）

> 是故形傷于寒暑燥濕之虐者，形苑而神壯。神傷乎喜怒思慮之患者，神盡而形有餘。故罷馬之死也，剝之若槁。狡狗之死也，割之猶濡。是故傷死者其鬼嬈，時既者其神漠，是皆不得形神俱沒也。夫聖人用心杖性，依神相扶而得終始（〈俶眞訓〉）

人之所以要養生，是因爲「血氣者，人之華也；而五藏者，人之精也」，如果人的精神與形體長期勞累，終究有竭盡的一天，「形勞而不休則蹶，精用而不已則竭」（同上），因此我們要善保我們的形體與精神，「五藏能屬於心而無乖，則勃撼勝而行不僻矣。勃志勝而行不僻，則精神盛而氣不散矣」，如此一來，憂患自然不能侵入，邪氣亦不能侵襲。司馬談嘗言：「凡人所生者神也，所託者形也。神大用則竭，形大勞則敝，形神離則死。死者不可復生，離者不可復反，故聖人重之。由是觀之，神者生之本也，形者生之具也。不先定其神〔形〕，而曰『我有以治天下』，何由哉？」（〈論六家要旨〉）人之所以生就是因爲有「神」，而「形體」只是神的假藉物，神使用過度就會枯竭，而形體使用過度亦曾破壞，一旦形體與神分離，人就會死亡。所以得天道的聖人是很注重他的神與形體的保養，因爲如果形神皆隳壞的話，又如何能談治理國家天下呢？〈精神訓〉曾對精神與形體下一註腳：

　　夫精神者，所受於天也；而形體者，所稟於地也。

人的精神與形體各有其本源，然而精神是掌控形體一切活動的根本，「心者形
之主也，而神者心之寶也」「精神內守形骸而不外越」（同上），「心」與「神」
是人的精神，「形」與「氣」是人的肉體，因此人的形體與精神及血氣是互相
依賴，密不可分（參陳廣忠《淮南子注譯・精神訓・賞析》P228）。

　　〈原道訓〉這一段更是詳敘「形、氣、神」之間的關係：

　　　夫形者生之舍也，氣者生之充也，神者生之制也。一失位則三者傷
　　　矣。是故聖人使人各處其位，守其職，而不得相干也。故夫形者，
　　　非其所安也而處之則廢；氣不當其所充，而用之則泄；神非其所宜，
　　　而行之則昧。此三者，不可不慎守也。夫舉天下萬物、蚑蟯貞蟲，
　　　蠕動蚑作，皆知其所喜憎利害者何也？以其性之在焉而不離也。忽
　　　去之，則骨肉無倫矣。今人之所以眭然能視，營然能聽，形體能抗，
　　　而百節可屈伸，察能分白黑，視醜美，而知能別同異，明是非者何
　　　也？氣為之充，而神為之使也。何以知其然也？凡人之志，各有所
　　　在，而神有所繫者，其行也，足蹪趺埳，頭抵植木，而不自知也。
　　　招之而不能見也，呼之而不能聞也，耳目非去之也，然而不能應者
　　　何也？神失其守也。故在於小則忘於大，在於中則忘於外，在於上
　　　則忘於下，在於左則忘於右，無所不充，則無所不在。是故貴虛者，
　　　以豪末為宅也。今夫狂者之不能避水火之難，而越溝瀆之險者，豈
　　　無形神氣志哉？然而用之異也。失其所守之位而離其外內之舍。是
　　　故舉錯不能當，動靜不能中，終身運枯形于連嶁列埒之門，而蹪蹈
　　　于污壑阱陷之中。雖生俱與人鈞，然而不免為人戮笑者何也？形神
　　　失也。故以神為主者，形從而利。以形為制者，神從而害。貪饕多
　　　欲之人，漠暗於勢利，誘慕於名位，冀以過人之智，植于高世，則
　　　精神日以耗而彌遠，久淫而不還。形閉中距，則神無由入矣。是以
　　　天下時有盲妄自失之患，以膏燭之類也，火逾然而消逾亟。夫精神
　　　氣志者，靜而日充者以壯，躁而日耗者以老。是故聖人將養其神，
　　　和弱其氣，平夷其形，而與道沈浮俛仰，恬然則縱之，迫則用之。
　　　其縱之也若委衣，其用之也若發棙。如是，則萬物之化無不遇，而
　　　百事之變無不應。

　　〈原道訓〉將人的生命分為形、氣、神三方面。「形」是生命的房子，即人的

身體，生命存在的方式；「氣」是支持生命的活動，即生命的實質，形體之所以存活不可或缺的就是氣；而「神」是生命的主宰，支配人的生命活動，正是人與禽獸不同的地方。因此「形、氣、神」三者不可缺一，因為「形神氣志，各居其宜，以隨天地之所為」（同上），如果「　、失位則三者傷矣」，「夫形者，非其所安也而處之，則廢；氣不當其所充而用之，則泄；神非其所宜而行之，則昧」，而此三者是以「神」為生命的總主宰，「以神為主者，形從而利；以形為制者，神從而害」、「神貴於形也。故神制則形從，形勝則神窮亡（〈詮言訓〉），因此小則「其行也，足蹟趎坎，頭抵植木，而不自知也。招之而不能見也，呼之而不能聞也，耳目非去之也，然而不能應者何也」，大則「貪饕多欲之人，漠睧於勢利，誘慕於名位，冀以過人之智，植於高世，則精神日以耗而彌遠，久淫而不還」，這是因為「神失其守」，「形閉中距，則神無由入矣」。因此掌握天道的人「養其神，和弱其氣，平夷其形，而與道沈浮挽仰，恬然則縱之，迫則用之」。

那麼該如何「養其神」呢？〈精神訓〉以「去嗜欲」來說明除去人心中的貪慾，是養生的第一步：

> 夫孔竅者，精神之戶牖也；而氣志者，五藏之使候也。耳目淫於聲色之樂，則五藏搖動而不定矣。五藏搖動而不定，則血氣滔蕩而不休矣，血氣滔蕩而不休，則精神馳騁於外而不守矣。精神馳騁於外而不守，則禍福之至，雖如邱山，無由識之矣。使耳目精明亦達而無誘慕，氣志虛靜恬愉而省嗜欲，五藏定寧充盈而不泄，精神內守形骸不而不越，則望於往世之前，而視於來事之後，猶未足也，豈直禍福之閒哉？故曰：「其出彌遠者，其知彌少。」以言夫精神之不可使外淫也。是故五色亂目，使目不明；五聲譁耳，使耳不聰；五味亂口，使口爽傷；趣舍滑心，使行飛揚。此四者，天下之所以養性也，然皆人累也。故曰嗜欲者，使人之氣越；而好憎者，使人之心勞。弗疾去，則志氣日耗。夫人之所以不能終其壽命，而中道夭於刑戮，何也？以其生生之厚。夫惟能無以生為者，則所以脩得生也。

這段是說明去嗜欲的方法，知道如何去嗜欲，方能延長壽命。人的形體與外物接觸，難免精神上人會起反應，但是如果反應過度——欲望，將對人的形體與精神造成一大負荷。如：

> 大構駕，興宮室，延樓棧道，雞棲井干，標枺薄櫨，以相支持。木
> 巧之飾，盤紆刻儼，贏鏤雕琢，詭文回波，淌游瀷淢，菱杅紗抱，
> 芒繁亂澤，巧偽紛挐，以相摧錯，此遁於木也（〈本經訓〉）

這種留戀於雕繪精巧之宮室亭閣的人，必定增加其精神上的負擔。精神一旦
有了負擔，則做什麼事情也做不好，而且亦會使他的形體與精神更為疲憊，
這不但不能長壽，反而會減壽。因此養生之道首在「去嗜欲」。

其實去嗜欲即是無所求，凡事無所求，欲望將減到最低程度，〈俶真訓〉
云：

> 是故聖人之學也，欲以返性於初，而游心於虛也。達人之學也，欲
> 以通性於遼廓，而覺於寂漠也。若夫俗世之學也則不然，擢德塞性，
> 內愁五藏，外勞耳目，乃始招蟯振繾物之豪芒，搖消掉梢仁義禮樂，
> 暴行越智於天下，以招號名聲於世，此我所羞而不為也。是故與其
> 有天下也，不若有說也；與其有說也，不若尚羊物之終始也，而條
> 達有無之際。是故舉世而譽之，不加勸；舉世而非之，不加沮。定
> 于生死之境，而通于榮辱之理。雖有炎火洪水彌靡於天下，神無虧
> 缺於胸臆中矣。若然者，視天下之閒，猶飛羽浮芥也，孰肯分分然
> 以物為事也？

聖人之學是把人的性情返回到最初的純樸，使心靈無欲無求。人能無欲無求，
則能看淡一切，逍遙而不執著。對生死的看法則能達到生而不樂，死而不憂
的境界。〈原道訓〉：

> 古之人有居巖穴而神不遺者，末世有勢為萬乘而日憂悲者。由此觀
> 之，聖亡乎治人，而在于得道。樂亡乎富貴，而在于德和。知大己
> 而小天下，則幾於道矣。所謂樂者，豈必處京臺章華，游雲夢沙邱，
> 耳聽九韶六瑩，口味煎芳芬，馳騁夷道，鈎射鷫鷞之謂樂乎？吾所
> 謂樂者，人得其得者也。夫得其得者，不以奢為樂，不以廉為患。
> 與陰俱閉，與陽俱開。故子夏心戰而臞，得道而肥。聖人不以身役
> 物，不以欲滑和。是故其為懽不忻忻，其為悲不惙惙。萬方百變，
> 消搖而無所定，吾獨以慷慨遺物，而與道同出。是故有以自得之也。
> 喬木之下，空穴之中，足以適情。無以自得也，雖以天下為家，萬
> 民為臣妾，不足以養生也。能至于無樂者，則無不樂。無不自則至
> 極樂矣。

這段話是說明體道者能優游自處，無處而不樂。人之所以苦，就是因為內心有所不滿足，如果能隨遇而安，即使是穴居野處，依然可以怡情養性，自得其樂，所謂「事能知足心常樂，人到無求品自高」，就是這個道理

第三、齊是非、生死

　　天道，永遠不會改變的，「譬猶日月也，江南、河北，不能易其指；馳騖千里，不能易其處」（〈齊俗訓〉），這就是天道。但就這千變萬化的人事，則很難以此例全權概括，「猶室宅之居也。東家謂之西家，西家謂之東家，雖皋陶為之理，不能定其處」（同上），究竟這間房子是在東或在西？人世間的是非，就是由此開始的。同一件事而有不同的看法，世界上哪有真正的是非呢？于大成先生說：「所以一有成心，即不能見事物之真，唯有胸中一片空明，方能得其真象也。」（《中國歷代思想家》（二）P1048）。天道的性質之一——虛無，什麼是虛無？「簡單的說，首先要做到無成心，無成見（同上 P1046），因為天道是虛無，所以當它落實於人道時，沒有一定的是與非，《淮南子》對人世間的是與非亦提出看法：

> 天下是非無所定，世各是其所是，而非其所非。所謂是與非各異，
> 皆自是而非人。由此觀之，事有合於己者，而未始有是也；有忤於
> 心者，而未始有非也。故求是者，非求道理也，求合於己者也；去
> 非者，非批邪施也，去忤於心者也。忤於我，未必不合於人也；合
> 於我，未必不非於俗也。至是之是無非，至非之非無是，此真是非
> 也。若夫是於此而非於彼，非於此而是於彼者，此之謂一是一非也。
> 此一是非，隅曲也；夫一是非，宇宙也。今吾欲擇是而居之，擇非
> 而去之，不知世之所謂是非者，不知孰是孰非？《老子》曰：「治大
> 國若享小鮮。」為寬裕者曰：「勿數撓：」為刻削者曰：「致其鹹酸
> 而已矣。」（〈齊俗訓〉）

最高的「是」，是沒有所謂的「非」；而最高的「非」，亦沒有所謂的「是」，這才是真正的是非觀。為了說明是非並無絕對之理，《淮南子》在〈齊俗訓〉舉了數則例子，茲舉二則以明之：

> 晉平公出言不當，師曠舉琴而撞之，跌衽宮壁。左右欲塗之，平公
> 曰：「舍之！以此為寡人失。」孔子聞之曰：「平公非不痛其體也，
> 欲來諫者也。」韓子聞之曰：「群臣失禮而弗誅，是縱過也，有以也
> 平公之不霸也。」

> 故賓有見人於宓子者，賓出，宓子曰：「子之賓獨有三過。望我而笑，
> 是攓也。談語而不稱師，是返也。交淺而言深，是亂也。」賓曰：「望
> 君而笑，是公也。談語而不稱師，是通也。交淺而言深，是忠也。」
> 故賓之客，一體也。或以爲君子，或以爲小人，所自視之異也。

人如果能做到沒有成見，也就能忘懷是非，這種境界可以說是很高了，然而如果連「生與死」都能忘懷，其境界可以說是更高了。〈俶眞訓〉云：

> 譬若於夢爲鳥而飛於天，夢爲魚而沒於淵，方其夢也，不知其夢也，
> 覺而後知其夢也。今將有大覺，然後知今此之爲大夢也。始吾未生
> 之時，焉知生之樂也？今吾未死，又焉知死之不樂也。

「始吾未生之時，焉知生之樂也？今吾未死，焉知死之不樂也」，不執著於生，亦不執著於死，這是生命的最高層次。〈精神訓〉云：

> 鄭之神巫，相壺子林，見其徵，告列子。列子行泣報壺子，壺子持
> 以天壤，名實不入，機發於踵。壺子之視死生亦齊矣。

《淮南子》藉壺子林將生與死看成是同樣一件事，來說明生死是自然的事。生無須大喜，死亦無須大悲，這可以說是最高的境界了。

（三）政治哲學

〈要略〉篇可以說是《淮南子》的自序，此篇很白地說出劉安招致賓客寫作的目地是：「紀綱道德，經緯人事」、「以統天下，理萬物，應變化，通殊類」，很明顯地，就是爲治國安邦提供竟見，他的原則是將「天道」與「人事」結合起來。這天道當然是指以上我們所敘的自然之道，而人事指的是國家社會的典章制度、倫理道德、風俗習慣，及一切有關人的活動，因爲「得道者，雖小必大；有亡形者，雖成必敗。……由此觀之，存在得道，而不在於大也；亡在失道，而不在小也」（〈氾論訓〉），可知唯有以天道治國，才是不二法門。而這一切主要是以一個體道者來領導，這體道者是聖人、是國君，因爲唯有以天道治國，讓整個國家的人民百姓皆循著天道而行，如此天下方能太平。

第一：循天道而治

《淮南子》一書中，舉了很多以天道治國的例子，茲述如左：

> 夫天之所覆，地之所載，六合所包，陰陽所呴，雨露所濡，道德所
> 扶，此皆生一父母而闡一和也。是故槐榆與橘柚合而爲兄弟；有苗
> 與三危通爲一家。夫目視鴻鵠之飛，耳聽琴瑟之聲，而心在雁門之

閒。一身之中，神之分離剖判；六合之內，一舉而千萬里。是故自
其異者視之，肝膽胡越；自其同者視之，萬物一圈也。百家異說，
各有所出。若夫墨楊申商之於治道，猶蓋之無一橑，而輪之無一輻。
有之可以備數，無之未有害於用也。已自以為獨擅之，不通之于天
地之情也。今夫冶工之鑄器，金踴躍于爐中，必有波溢而播棄者，
其中地而凝滯，亦有以象於物者矣。其形雖有所小用哉，然未可以
保於周室之九鼎也，又況比於規形者乎？其與道相去亦遠矣（〈俶真
訓〉）

凡事物皆有其根本──天道，離開根本的事物雖然亦有其用途，但只能小用
而不能大用；治國的理念亦如此，離開天道的治術，雖然不能說完全無用，
但是與天道相比，就像翻騰在外的金屬熔液，如何能與周室的九鼎相比較。
因此治國應循天道而行。又

古者至德之世，賈便其肆，農樂其業，大夫安其職，而處士脩其道。
當此之時，風雨不毀折，草木不夭，九鼎重味，珠玉潤澤，洛出丹
書，河出綠圖。故許由、方回、善莫、披衣，得達其道。何則？世
之主有欲利天下之心，是以人得自樂其閒。四子之才，非能盡善，
蓋今之世也。然莫能與之同光者，遇唐虞之時。逮至夏桀殷紂，燔
生人，辜諫者，為炮烙，鑄金柱，剖賢人之心，析才士之脛，醢鬼
侯之女，葅梅伯之骸。當此之時，嶢山崩，三川涸，飛鳥鍛翼，走
獸擠腳。當此之時，豈獨無聖人哉？然而不能通其道者，不遇其世。
夫鳥飛千仞之上，獸走叢薄之中，禍猶及之，又何況編戶齊民乎？
由此觀之，體道者不專在于我，亦有繫于世矣（同上）

本段說明如果以天道治國，將會是至德之世；如果違反天道治國，則將淪為
失德之世。天道與政治猶如「本與末也，從本引之，千枝萬葉，莫不隨也」（〈精
神訓〉），在至德之世的賢人，因為遇到唐堯、虞舜以天道施政的盛世，所以
能夠自樂其道於天地之間，享有名譽，這是因為唐堯、虞舜的體道，不專在
私我，而與整個天下國家都有關係；反過來說，夏桀、商紂時代，其「燔生
人，辜諫者，為炮烙，鑄金柱，剖賢人之心，析才士之脛，醢鬼侯之女，葅
梅伯之骸」違道行為，無怪乎為商湯、文王所伐。

聖人財制物也，猶工匠之斲削鑿枘也，宰庖之初割分別也，曲得其
宜而不折傷。拙工則不然，大則塞而不入，小則窕而不周。動於心，

枝於手而愈醜（〈齊俗訓〉）

為何聖人在治理萬物時，就像「工匠之斲削鑿枘也，宰庖之初割分別也」，因為「道之得也，以視則明，以聽則聰，以言則公，以行則從」（同上），體道之聖人的視、聽、言、行真實可靠，所以在治理萬事萬物時，當然得心應手。簡而言之，從事於天道的人，就能與天道同化。

> 夫峭法刻誅者，非霸王之業也；箠策繁用者，非致遠之術也。離朱
> 之明，察箴末於百步之外，不能見淵中之魚。師曠之聰，合八風之
> 調，而不能聽十里之外。故任一人之能，不足以治三畝之宅也，脩
> 道理之數，因天地之自然，則六合不足均也。是故禹之決瀆也，因
> 水以為師。神農之播穀也，因苗以為教（〈原道訓〉）

一個治理天下的人，縱使再怎麼耳聰目明，畢竟看得到比看不到的少，聽得到的比聽不到的少，如此一來，治理天下不是會掛一而漏萬麼嗎？所以治理天下的人必須遵循天道的規律，天下萬民便會與其共同遵守，則天下大治矣。

第二：以法斷事

經由以上我們得知《淮南子》嚮往的是一個無政府的社會，但是以大漢帝國而言，豈能沒有政府？雄心壯志的漢武帝怎麼可能再安於文景的清靜無為，所以在這種情況下，《淮南子》便提供一個兩全其美的辦法：有政府，但卻是無為的。這說來可矛盾了，有政府，必是有為的，但是如此一來，便與《淮南子》的宗旨相去甚遠，因此他主張的是一個「無為」的政府。所謂的無為，是得天道的無為，因為天道是無為。所以無為的政府，其治國最高指導原則的前提是──法。

法，在制定時，必定是順乎民心，否則此法必招人怨；而在制定之後，必須上下皆能遵守，否則有法等於無法，甚至於適得其反。〈繆稱訓〉言：「水濁者魚噞，令苛者民亂，城峭者必崩，岸崝者必陀。故商鞅立法而支解，吳起刻削而車裂。治國譬若張瑟，大絃緪則小弦絕矣。故急轡數策者，非千里之御也。」〈主術訓〉云：

> 法生於義，義生於眾適，眾適合於人心，此治之要也。

法是根據義而定，而義是眾人所適宜，眾人適宜必是合人心的。又

> 法者，天下之度量，而人主之準繩也。縣法者，法不法也；設賞者，
> 賞當賞也。法定之後，中程者賞，缺繩者誅。尊貴者不輕其罰，而
> 卑賤者不重其刑。犯法者雖賢必誅，中度者雖不肖必無罪，是故公

　　道通而私道塞矣。古之置有司也，所以禁民，使不得自恣也。其立
　　君也，所以制有司，使無專行也。法籍禮義者，所以禁君，使無擅
　　斷也。人莫得自恣，則道勝，道勝則理達矣。故反於無爲。無爲者，
　　非謂其凝滯而不動也，以其言莫從己出也（同上）

「其立君也」就是來說明執法的最高人乃國君，而且是得道的國君，這是因
爲「人主之情，上通於天。故誅暴則多飄風，枉法令則多蟲螟，殺不辜則國
赤地，令不收則多淫雨。四時者，天之吏也；日月者，天之使也。星辰者，
天之期也。虹蜺彗星者，天之忌也（〈天文訓〉），《淮南子》認爲人主之情可
以通達於天道，此爲典型的「天人合一」思想。這種思想在古代是很重要的，
因爲人民希望藉著精誠可以感動天道的思想，使國君不可姿意妄爲，人民亦
不可隨意妄動。如此就是《周易・乾》所言的「夫大人者，與天地合其德，
與日月合其明，與四時合其序，與鬼神合其吉凶」，即「天人合一」的政治哲
學，亦是《老子》三十九章所言：「天得一以清，地得一以寧，神得一以靈，
谷得一以盈，萬物得一以生，侯王得一以爲天下貞。」這是勉勵帝王守天道
的政治哲學。

第三：掩聰明、除嗜欲

　　〈原道訓〉認爲「掩聰明、除嗜欲」的國君，才是得天道的國君：

　　至人之治也，掩其聰明，滅其文章，依道廢智，與民同出于公。約
　　其所守，寡其所求，去其誘慕，除其嗜欲，損其思慮。約其所守則
　　察，寡其所求則得。夫任耳目以聽視者，勞形而不明；以知慮爲治
　　者，苦心而無功。

身爲一國之君應該廢除智巧，因爲天下萬物繁多，欲治理萬物則必須依循天
道的規律，一切依自然而行，順人、事、物之性，所以國君必須「掩其聰明，
滅其文章」，約其所守方能察，寡其所求方能得。

　　夫喜怒者，道之邪也。憂悲者，德之失也。好憎者，心之過也。嗜
　　欲者，性之累也。人大怒破陰，大喜墜陽，薄氣發瘖，驚怖爲狂，
　　憂悲多恚，病乃成積。好憎繁多，禍乃相隨。故心不憂樂，德之至
　　也。通而不變，靜之至也。嗜欲不載，虛之至也。無所好憎，平之
　　至也。不與物散，粹之至也。能此五者，則通於神明。通於神明者，
　　得其內者也。是故以中制外，百事不廢。中能得之，則外能收之。
　　中之得則五藏寧，思慮平，筋力勁強，耳目聰明。疏達而不悖，堅

> 強而不贅。無所大過，而無所建。處小而不逼，處大而不窕。其魂
> 不躁，其神不嬈。澉溔寂寞。爲天下梟（同上）

人如果能清靜平淡，即能稱雄天下。所謂清靜平淡，即內心能得到充實：心
不憂樂、通而不變、嗜欲不載、無所好憎、不與物散。內心能得到充實，即
能控制外在的情欲，因爲心是整個身體的土宰，可以發號施令，辨別是非，
指揮整個形體，以通於神明，如此則百事不廢。而國君是得道者，所以能稱
雄天下。

　　至於身爲一國的主政者，當然必須具備相當條件，因爲「主者國之心，
心治則百節皆安，心擾則百節皆亂。故其心治者，支體相遺也。其國治者，
君臣相忘也」（〈繆稱訓〉），國君好比一國的心臟，心臟正常運作，則四肢百
節自然安定。賢明國君的條件如下：

> 人主之居也，如日月之明也，天下之所同側目而視，側耳而聽，廷
> 頸舉踵而望也。是故非澹薄無以明德，非寧靜無以致遠，非寬大無
> 以兼覆，非慈厚無以懷眾，非平正無以判斷（〈主術訓〉）

賢明國君的條件爲「澹薄、寧靜、寬大、慈厚、平正」五點。因爲沒有具備
澹薄則將「無以明德」，沒有具備寧靜則將「無以致遠」，沒有具備寬大則將
「無以兼覆」，沒有具備慈厚則將「無以懷眾」，沒有具備平正則將「無以制
斷」。〈道應訓〉亦云：

> 楚莊王問詹何曰：「治國奈何？」對曰：「何明於治身，而不明於治
> 國。」楚王曰：「寡人得立宗廟社稷，願學所以守之。」詹何對曰：
> 「臣未嘗聞身治而國亂者也，未嘗聞身亂而國治者也。故本任於身，
> 不敢對以末。」楚王曰：「善！」故《老子》曰：「修之身，其德乃
> 眞也。」

所謂「身修而后家齊，家齊而后國治，國治而后天下平」（《大學》），身爲國
君本身也應有相當程度的修養，如此才能以德服人。孔子亦曾言：「君子之德
風，小人之德草。草上之風，必偃。」（《論語・顏淵》），《氾論訓》亦言：「求
於人，則任以人力，易償也；自修以道德，難爲也。難爲則行高矣，易償者
求澹矣。」更加強國君自我修德的重要。

第四：用人因材適所

　　至於國君任人之法，宜盡其臣子的才能：

> 是故賢主之用人也，猶巧工之制木也。大者以爲舟航柱梁，小者以

> 爲楫楔，修者以爲閭㯟，短者以爲朱儒枅櫨，無小大脩短，各得其
> 所宜。規矩方圓，各有所施。……今人之才，或欲平九州，並方外，
> 存危國，繼絕世，志在直道正邪，決煩埋挐，而乃責之以閨閤之禮，
> 奧窔之間，或佞巧小具，謟進愉說，隨鄉曲之俗，卑下眾人之耳目，
> 而乃任之以天下之權，治辭之機，是猶以斧劗毛，以刃抵木也，皆
> 失其宜也。（同上）

國君用人不能錯用，錯用人才就像「以斧劗毛，以刀抵木」，不僅浪費個人才能，亦損失國家資源；因此賢明的國君用人「猶巧工之制木」，視其能力，「大者以爲舟航柱梁，小者以爲楫楔，脩者以爲閭㯟，短者以爲朱儒枅櫨」，如此無論「小大脩短，各得其所宜；規矩方圓，各有所施」了。

> 以人之小惡，而忘人之大美，此人主之所以失天下之士也。凡聽必
> 有驗，一聽而弗復問，合其所以也。且人固難合也，權而用其長者
> 而已矣（〈道應訓〉）

人並非十全十美，爲政者在任用人才時，不可因其小缺失而忽略其才華。〈氾論訓〉亦言：「今志人之所短，而忘人之所修，而求得其賢於天下，則難矣。」就是希望爲政者不可只記得別人的短處，如此才能網羅天下的人才。

第五、決策寬嚴剛柔適度

至於國君的治國的政策是：寬嚴剛柔適度。〈氾論訓〉言：「寬而栗，嚴而溫，柔而直，猛而仁，太剛則折，太柔則卷，聖人正在剛柔之間。」其原則括而言之：

一曰：無為

道的作用爲「無爲」，因此將其行之於政治亦爲「無爲」

> 故召遠者使無爲焉，親近者使無事焉，惟夜行者爲能有之。故卻走
> 馬以糞，而車軌不接於遠方之外，是謂坐馳陸沈，晝冥宵明。以冬
> 鑠膠，以夏造冰。（〈覽冥訓〉）

凡事順自然之性而爲，較易成功，道之作用爲「無爲」，因此爲政之策亦採無爲，自然四海歸心，人民親附。〈本術訓〉云：

> 人主之術，處無爲之事，而行不言之教：清靜而不動，一度而不搖；
> 因循而任下，責成而不勞。是故心知規而師傅諭導，口能言而行人
> 稱辭，足能行而相者先導，耳能聽而執正進諫。是故慮無失策，謀
> 無過事，言爲文章，行爲儀表於天下。進退應時，動靜循理。不爲

醜美好憎，不爲賞罰喜怒。名各自名，類各自類，事猶自然，莫出
於己。

「人主之術，處無爲之事，而行不言之教」，所說的就是國君統治天下之道——
治國應行無爲之治。這是因爲天下廣大，知無不盡，所以執政者不能完全靠耳
目的聰明，那麼不如「自然」吧！所以「清靜無爲」成爲執政者的最佳選擇，
國君只要盡到督責臣子完成任務就可以了，即使「心知規」也「師傅諭導」，「口
能言」也「行人稱辭」，「足能行」也「相者先導」，「耳能聽」也「執正進諫」，
不因美醜而產生好惡心理，不因賞罰而有喜怒的情緒，一切「名自其名，類各
自類」，萬事萬物像是來自天然，沒有人認爲是出自於自己的功勞。

故聖人在位，懷道而不言，澤及萬民。君臣乖心，則背譎見於天，
神氣相應徵矣（〈覽冥訓〉）

聖人以無爲之道執政，即使不必講話，恩澤自然廣施於百姓。好比「山雲草
莽，水雲魚鱗，旱雲煙火，涔雲波水，各象其形類所以感之」（同上），物類
相應，各有所感。

夫水濁則魚噲，政苛而民亂。故夫養虎豹犀象者，爲之圈檻，供其
嗜欲，適其饑飽，違其怒志，然而不能終其天年者，形有所劫也。
是以上多故則下多詐，上多事則下多態，上煩擾則下不定，上多求
下交爭，不直之於本，而事之於末，譬猶揚堁而弭塵，抱薪以救火
也（〈主術訓〉）

爲政者宜清靜無爲，因爲「上好取而無量，下貪很而無讓」，則「民貪苦而忿
爭，事力勞而無功」，如此一來「智詐萌興，盜賊滋彰，上下相怨，號令不行」
（同上），政令煩苛只是會擾亂百姓的生活，就像水混濁了，魚的呼吸就會發
生困難。所以政治多事則國不易治。

二曰：自然

天道的性質之一——自然，而其爲政亦應順應自然，〈天文訓〉云：

距日冬至四十五日，條風至。條風至四十五日，明庶風至。明庶風
至四十五日，清明風至。清明風至四十五日，景風至。景風至四十
五日，涼風至。涼風至四十五日，閶闔風至。閶闔風至四十五日，
不周風至。不周風至四十五日，廣漠風至。條風至，則出輕繫，去
稽留。明庶風至，則正封疆，修田疇。清明風至，則出幣帛，使諸
侯。景風至，則爵有位，賞有功。涼風至，則報地德，祀四郊。閶

閶風至，則收縣垂，琴瑟不張。不周風至，則修宮室，繕邊城。廣
漠風至，則閉關梁，決刑罰。

這是根據大自然的現象來推行政令。古代考察氣候與時令，依時來耕種與辦
事。如春分時候，明庶風至，吹的正是東風，正值播種，整治田地的好時節。

廣廈闊屋，連闥通房，人之所安也，鳥入之而憂；高山險阻，深林
叢薄，虎豹之所樂也，人入之而畏；川谷通原，積水重泉，黿鼉之
所便也，人入之而死；咸池、承雲、九韶、六英，人之所樂也，鳥
獸聞之而驚；深谿峭岸，峻木尋枝，猿狖之所樂也，人上之而慄。
形殊性詭，所以為樂者，乃所以為哀；所以為安者，乃所以為危也
（〈齊俗訓〉）

在這裡以屋宇、森林、深潭、音樂及深谿來說明「適性者安，違性者危」（呂
凱《淮南子》神話故事〔下〕P317），因為自然界的萬事萬物，各有其不同的
形體，因此有其不同的適應性，適性者安，違性者危；而依此理應用在政治
亦如此，各地的風俗不同，所以為政者在執政時應配合各地的風俗民情而有
所調整。

三曰：柔弱

天道的性質之一——柔弱，因此運用在政治上亦為柔弱的政策，〈道應
訓〉云：

越王句踐與吳戰而不勝，國破身亡，困於會稽，忿心張膽，氣如涌
泉，選練甲卒，赴火若滅。然而請身為臣，妻為妾，親執戈為吳兵
先馬走，果禽之於干遂。故《老子》曰：「柔之勝剛也，弱之勝強也，
天下莫不知，而莫之能行。」越王親之，故霸中國。

越王以柔弱之策，終於打敗強勝的吳國。又

趙襄子攻翟而勝之，取尤人終人。使者來謁之，襄子方將食，而有
憂色。左右曰：「一朝而兩城下，此人之所喜也，今君有憂色，何也？
襄子曰：「江河之大也，不過三日。飄風暴雨，日中不須臾。今趙氏
之德行無所積，今一朝而兩城下，亡其及我乎？」孔子聞之曰：「趙氏
其昌乎？」夫憂所以為昌也，而喜所以為亡也；勝非其難也，持之
者其難也。賢主以此持勝，故其福及後世。……善持勝者，以強為
弱（同上）

古代聖人之所以有過人之處就在於他能「以柔克剛」。志不可太滿，志太滿必

有所失，趙襄子輕易戰勝翟國，卻面有憂色，足見他是勝而不驕。《老子》:「道沖而用，又弗盈也。」沖虛者方能成功。

四曰：仁義

至於仁義，國君施政本身就是以仁義爲出發點，〈道應訓〉云：

> 惠盂見宋康王，蹀足謦欬疾言曰：「寡人所說者，勇有功也，不說爲仁義者也。客將何以教寡人？」惠盂對曰：「臣有道於此，人雖勇，刺之不入；雖巧有力，擊之不中。大王獨無意邪？」宋王曰：「善！此寡人之所欲聞也。」惠盂曰：「夫刺之而不入，擊之而不中，此猶辱也。臣有道於此，使人雖有勇弗敢刺，雖有力不敢擊。夫不敢刺，不敢擊，非無其意也。臣有道於此，使人本無其意也，夫無其意，未有愛利之心。臣有道於此，使天下丈夫女子，莫不歡然皆欲愛利之心，此其賢於勇有力也，四累之上也。大王獨無意邪？」宋王曰：「此寡人所欲得也。」惠盂對曰：「孔墨是已。孔丘墨翟，無地而爲君，無官而爲長，天下丈夫女子，莫不廷頸舉踵，而願安利之者。今大王，萬乘之主也。誠有其志，則四境之內，皆得其利矣。此賢於孔墨也遠矣。」宋王無以應。惠盂出，宋王謂左右曰：「辯矣，客之以說勝寡人也。」

〈道應訓〉以惠盂與宋康王這一段對話來說明爲政宜採仁義，而非嚴刑峻法。

個人認爲如果能依照以上所言施政，那麼國家將會如〈本經訓〉這一則所言，回到最原始的社會：

> 太清之始也，和順以寂漠，質眞而素樸，閒靜而不躁，推而無故。在內而合乎道，出外而調于義。發動而成於丈，行快而便於物。其言略而循理，其行倪而順情。其心愉而不僞，其事素而不飾。是以不擇時日，不占卦兆，不謀所始，不議所終。安則止，激則行。通體于天地，同精於陰陽。一合於四時，明照于日月，與造化者相雌雄。是以天覆以德，地載以樂。四時不失其敍，風雨不降其虐。日月淑清而揚光，五星循軌而不失其行。當此之時，玄玄至碭而運照，鳳鱗至，若龜兆，甘露下，竹實滿，流黃出而朱草生。機械詐僞，莫藏於心。

在三皇之時，所作所爲因爲皆合天道而行，得天道之人，人必附之，天必佑之，物必和之，所以三皇之時能與萬物相合而開盛世，這是以天道治世的最終結果，也是劉安編撰《淮南子》的理想境地。

第五章 《淮南子》天道觀對後世之影響

　　《淮南子》一書乃西漢道家思潮摻合陰陽刑名與儒家思想的理論結晶，本章所要討論的是《淮南子》天道觀究竟對後世有何影響性，茲分爲對思想、文學、美學、宗教四方面來探究。

第一節 《淮南子》天道觀對思想之影響

　　《淮南子》天道觀對後世思想直接、間接的影響較爲明顯者有四：一、天人感應之思想，二、玄學清談之自然主義，三、無神論，四、氣化宇宙論。茲分述如下：

一、天人感應之思想

　　《淮南子》一書中「人與天道」之間的關係是相當密切，〈地形訓〉言：「天一、地二、人三。」可知「人」在《淮南子》中所佔的地位是僅居於天地之後。〈精神訓〉與〈天文訓〉曾對「人的生成」有精采的言論：

> 一月而膏，二月而胅，三月而胎，四月而肌，五月而筋，六月而骨，
> 七月而成，八月而動，九月而躁，十月而生。形體以成，五藏乃形。
> 是故肺主目，腎主鼻，膽主口，肝主耳。外爲表而內爲裡，開閉張
> 歙，故有經紀。故頭之圓也象天，足之方也象地。天有四時、五行、
> 九解、三百六十日，人亦有四支、五藏、九竅、三百六十節。天有
> 風雨寒暑，人亦有取與喜怒。故膽爲雲，肺爲氣。脾爲風，腎爲雨，
> 肝爲雷，以與天地相參也，而心爲之主。是故耳目者，日月也；血

> 氣者，風雨也（〈精神訓〉）

> 天地以設，分而為陰陽。陽生於陰，陰生於陽，陰陽相錯，四維乃
> 通。或死或生，萬物乃成。跂行喙息，莫貴於人。孔竅肢體，皆通
> 於天。天有九重，人亦有九竅；天有四時以制十二月，人亦有四肢
> 以使十二節；天有十二月以制二百六十日，人亦有十二肢以使三百
> 六十節。故舉事而不順天者，逆其生者也（〈天文訓〉）

人的四肢、五藏、九竅、三百六十節，就像天道的四時、五行、九解、三百
六十日；而人有喜怒哀樂的情緒，就像天道有風雨寒暑的變化；人的耳目像
天道的日月，而血氣像風雨；人以四肢來貫通十二經脈，就像天道以春夏秋
冬四季來分制十二個月份，而人以十二肢幹來掌握三百六十節，就像天道以
十二月份來分制三百六十日。這種種的說法，在在顯示人體的構造，皆與天
道的構造一樣，這種「天人合一」的思想並非《淮南子》所獨創，而是結合
道家天道的思想與陰陽家陰陽五行的思想所形成的思想體系，這種以道家「道
之所一體」（〈本經訓〉）為基本架構，再結合陰陽家之氣、陰陽與五行，成為
「天人合一」的思想，再轉而為「天人感應」，「天人感應」的觀念在漢代相
當流行，應該可以說「天人感應」的觀念對整個中國的哲學，甚至民間的倫
理道德，都有很深的影響。然而這種觀念真正在中國的哲學界及民間大肆流
傳起來，應該是自董仲舒《春秋繁露》開始，因此我們可以說《淮南子》這
種「天人合一」的雛型是董仲舒「天人感應」的先聲。

　　董仲舒的天人關係論，最特別的就是他從「人副天數」的觀點來了解人，
這可說是《淮南子》的延伸，而且認為人不僅是萬物之一，更超越萬物，因
為人體的構造是以天道為藍本：

> 天地之精，所以生物者，莫貴於人，人受命乎天地，故超然有倚。
> 物疢疾莫能為仁義，唯人獨能為仁義。物疢疾莫能偶天也，唯人獨
> 能偶天地。人有三百六十節，偶天之數也；形體骨肉；偶地之厚也；
> 上有耳目聰明，日月之象也；體有空竅理脈，川谷之象也；心有哀
> 樂喜怒，神氣之類也。觀人之體，一何高物之甚而類於天也（《春秋
> 繁露・人副天數》）

> 是故人之首坌而員，象天容地；髮象星辰也；耳目戾戾，象日月也；
> 鼻口呼吸，象風氣也；胸中達知，象神明也；腹飽實虛，象百物也
> （同上）

天地之符，陰陽之副，常設於身，身猶天也。數與之相參，故命與
之相連也。天偶終歲之數成人之身，故小節三百六十六，副日數也；
大節十二分，副月數也：內有五藏，副五行數也；外有四肢，副四
時數也；乍視乍瞑，副晝夜也：乍剛乍柔，副冬夏也。乍哀乍樂，
副陰陽也。心計慮，副度數也。行有倫理，副天地也（同上）

所謂「人副天數」就是把人體的種種構造與天道相比附，凡是人體有的構造，
天道也有，而天道有的構造，人也有。當然董仲舒這套「天人感應」爲的是
政治上的措施，由於人是天道縮影，因此在施政上也必須取象於天數。

　　雖然董仲舒這套學說，就現代的眼光看來，並沒有具體的科學根據，只能
說是一種哲學觀點。但畢竟在整個漢代瀰漫著讖緯災異之說，陰陽象數之學，
甚至連正統的儒家思想都受到嚴重的扭曲，我們可以說眞正能代表漢代有創新
的見解，就只有「天人感應」之學了。更重要的是這套「天人感應」之學足足
影響了中國二千年來根深蒂固的思想觀念與價值判斷，不可不重視啊！

二、玄學清談之自然主義

　　《淮南子》承老莊天道的性質爲「自然」而來，落實於人生，亦爲自然
的人生觀，此間接影響魏晉清談的自然主義。

　　魏晉玄學的具體內容以《老子》、《莊子》與《周易》三書爲思想中心，《老
子》與《莊子》皆爲道家作品，而《周易》則是儒家的典籍。由魏晉玄學所
重視的這三本書中，我們可以發現道家思想佔了三分之二，可知魏晉玄學仍
是以道家思想爲主脈；但是魏晉思想家心目中的聖人卻不是老子或莊子，而
是儒家的開山鼻祖——孔子，他們認爲孔子才是人格的最高典範，因此如何
調和孔子與老莊思想的差異點，成了魏晉思想家重要的課題。而《淮南子》
思想亦是儒道兼綜，且以道家思想爲主，正好開魏晉玄學的先河。

　　《淮南子》的天道觀是自然，認爲人秉自然而來，因此人也應遵循自然，
如此才能與天道相契合，這在本論文第四章〈《淮南子》天道觀之析論〉已說
得很明白，在此不多贅言。而這種「天道自然」到了魏晉，普遍影響於知識
份子，照理來講，原本是一種理性的態度，率眞的性情，但是卻走了樣。因
爲自東漢末年以來，戰亂頻仍，政治動盪不安，知識份子屢遭迫害〔註1〕，以

〔註1〕就戰亂而言，如東漢末年的黃巾之亂及三國爭霸等：政治則如東漢末年宦官
　　　　與外戚爭權、司馬炎篡位、賈后之亂及八王之亂等：而黨錮之禍則是繼秦始

致知識份子只求苟全性命而已，因此老莊的自然無爲，逍遙自由，紛紛成了他們心靈的避風港，但是他們卻沒有得到老莊思想的精華，反而因爲過度的反禮教，而掀起前所未有的怪誕頹廢之風，如當時有名的「竹林七賢」〔註2〕，下列僅以阮籍爲代表以說明之。

阮籍出身豪門，幼年飽讀詩書，頗具才氣，曾以顏回自許，然而無奈生逢亂世，如爲官則難保身家性命，只好藉酒自娛。《晉書》本傳記載阮籍：「容貌瑰傑，志氣宏放，傲然獨往，任性不羈。」《世說新語‧任誕》注引〈文士傳〉：「（籍）後聞步兵廚中有酒三百石，忻然求爲都尉。於是入府舍，與劉伶酣飲。」又引〈竹林七賢論〉：「籍與伶共飲步兵營中，並醉而死。」可知阮籍生性喜酒，不守禮法，而以荒誕任性來反抗朝廷的仁義禮智。

阮籍作〈大人先生傳〉，文中所說的「大人」，即是他本人。大人的人生觀是以「自然」爲依據，而求與天地相通，因此他認爲世間所謂的君子，所謂的禮法規矩，都是虛僞矯情的：

> 昔者天地開闢，萬物並生；大者恬其性，細者靜其形，陰藏其氣，陽發其精；害無所避，利無所爭。……。明者不以智勝，闇者不以愚敗；弱者不以迫畏，強者不以力盡。蓋無君而庶物定，無臣而萬事理，保身修性，不違其紀，惟茲若然，故能長久。今汝造音以亂聲，作色以詭形；外易其貌，內隱其情，懷欲以求多，詐僞以要名；君立而虐興，臣設而賊生，坐制禮法，束縛下民，斯愚誑拙，藏知自神。

大人是「與造物同體，天地並生。逍遙浮世，與道俱成，變化散聚，不常其形」（同上），因此對社會禮教的規律大肆抨擊。而他另一篇相當有名的〈達莊論〉亦是強烈表達他超越禮教，追慕自然的心意：

> 故至道之極，混一不分，同爲一體，得失無聞。伏羲結繩，神農教耕，逆之則死，順之則生。又安知貪洿之爲罰，而貞白之爲名乎？使至德之要，無外而已。大均淳固，不貳其紀，清淨寂寞，空豁以俟，善惡莫之分，是非無所爭，故萬物反其所而得其情也。

阮籍的人生觀是來自形上的宇宙觀，以「自然」爲天地萬物的根源：

皇焚書坑儒之後，大規模的公開殺害知識份子，魏晉的軍閥掌權，更是有意摧殘知識分子，如孔融、楊修、丁儀兄弟皆是死於魏等等。

〔註2〕《水經‧清水注》：「魏步兵校尉陳留阮籍，中散大夫譙國稽康，晉司徒何內山濤，司徒琅邪王戎，黃門郎河內向秀，建威參軍沛國劉令，始平太守阮咸等，同居山陽，結自得之遊，時人號之爲竹林七賢也。」

> 今君乃飄飄於天地之外，與造化爲友。朝餐湯谷，夕飲西海。將變
> 化邊易，與道周始（同上）

他幻想著周遊天地，超越一切萬物的高尚生活，但是他並沒有享受老莊清靜
無爲、遙逍自得的心靈優游，反而成天與酒爲伍，忘懷天地萬物，盡情享樂。
事實上，魏晉大多數的知識份子皆是在苟求性命之餘，狂妄自大，不拘禮教，
以對朝廷的政治作無言的控訴！

三、無神論

　　《淮南子·氾論訓》中一則以得天道之人即可以分辨鬼神的論述，原是
闡述掌握天道的重要〔註3〕，方不致淪陷於鬼神迷信，卻沒有想到陰陽五行在
民間大肆盛行之後，仍可以從東漢·王充身上找回一股清流。

　　〈氾論訓〉認爲人之所以會見到鬼神，是由於「聞見鮮而識物淺矣」，「懼
揣其氣也」，或是「法者夜見立表，以爲鬼也」，加上民間流傳「枕戶橝而臥
者，鬼神跖其首」，使得鬼神在民間充滿相當神祕的色彩。事實上在〈精神訓〉
中曾明言人的由來及歸去，由此可以證明並無鬼神：

> 煩氣爲蟲，精氣爲人。是故精神者，天之有也，而骨骸者，地之有
> 也。精神入其門，而骨骸反其根，我尚何存？

> 夫精神者，所受於天也；而形體者，所稟於地也。

這是從形神的來源看，天的清陽之氣形成精神，地的重濁之氣形成軀體。人

〔註3〕　《淮南子·氾論述》：「夫見不可布於海內，聞不可明於百姓，是故因鬼神機
　　　　祥，而爲之立禁；總形推類，而爲之變象。何以知其然也？世俗言曰：「饗大
　　　　高者，而豕爲上牲；葬死人者，裘不可以藏。相戲以刃者，太祖軹其肘；枕
　　　　戶橝而臥者，鬼神跖其首。」此皆不著於法令，而聖人之所不口傳也。夫饗
　　　　大高而豕爲上牲者，非豕能賢於野獸麋鹿也，而神明獨饗之。何也？以爲豕
　　　　者家人所常畜，而易得之物也，故因其便以尊之。裘不可以藏者，非能具綈
　　　　綿曼帛，溫暖於身也，世以爲裘者難得貴賈之物也，而不可傳於後世，無益
　　　　於死者，而足以養生，故因其資以譬之。相戲以刃，太祖軹其肘者，夫以刃
　　　　相戲，必爲過失；過失相傷，其患必大；無涉血之仇，爭忿鬥而以小事自內
　　　　於刑戮，愚者所不知忌也，故因太祖以累其心。枕戶橝而臥，鬼神履其首者，
　　　　使鬼神能玄化，則不待戶牖之行。若循虛而出入，則亦能履也。夫牖者，風
　　　　氣之所從往來；而風氣者，陰陽相捔者也，離者必病。故托鬼神以伸誡之也。
　　　　凡此之屬，皆不可勝著於書策竹帛，而藏於官府者也。故以機祥明之。爲愚
　　　　者之不知害，乃借鬼神之威以聲其教，所由來遠矣。而愚者以爲機祥，而
　　　　狠者以爲非，唯有道者能通其志。」

死後，精神上歸於天，形體消失於地，何來鬼神？鬼神這種東西，不過是統治者「借鬼神之威以聲其教」的騙人手段，而「枕戶橉而臥者」，鬼神之所以會「跖其首」，這是因為「夫戶牖者，風氣之所往來；而風氣者，陰陽相捔者也，離者必病。故托鬼神以伸誡也」，此說有理。如果鬼神像民間所流傳能夠神妙變化，那麼就算沒有「枕戶橉而臥」，鬼神亦會「跖其首」，因為即使是小孔竅，鬼神都可以「循虛而出入」。這樣的學說，原是《淮南子》談論體會天道的重要，但卻在一片迷信讖緯中，成為王充「無神論」的先聲。

在王充之前，已先有桓譚的「火燭之喻」〔註4〕，但是仍然沒有王充「火光之喻」來得貼切：

> 火滅光消而燭在，人死精亡而形存。謂人死有知，是謂火滅復有光也（《論衡‧論死》）

王充認為人死後並沒有知覺，因此並沒有鬼神這種東西。因為「死而形體朽，精神散」（同上），而人之所以生，是因為有陰陽之氣，「陰氣主為骨肉，陽氣主為精神。人之生也，陰氣俱，故骨肉堅、精氣盛。精氣為知，骨肉為強，故精神言談，形體固守。骨肉精神，合錯相持，故能常見而不滅亡也」（〈訂鬼〉），這是承《淮南子‧精神訓》人之生死為形神一元論而來，人死後精神並沒成為鬼神，這只是駭人的迷信說法。但是人既然死了不會變成鬼神，那麼為什麼有人會看見鬼神呢？王充認為這是看見鬼神的人「思念存想之所致也」（〈訂鬼〉），人如果生病，往往容易有所畏懼，「畏懼則存想，存想則目虛見」（同上），甚至還可以看見鬼神來打他，「病痛恐懼，妄見之也」（同上），因為有所恐懼，所以產生幻想，這是《淮南子‧氾論訓》所言「怯者夜見之表」及「懼捨其氣也」的擴大。此說對中國自古以來認為人死後，精神離開肉體，而且將變成會害人之鬼的說法，是一大革命，也為後來范縝的「神滅論」奠定了基礎。

四、氣化宇宙論

高誘注雖然言《淮南子》一書「其旨近老子」，但是由於它並非純粹的先秦老莊道家思想，而是摻雜了「儒、道、墨、法、陰陽」，成為黃老道家思想，

〔註4〕《新論‧形神》：「精神居形體，猶火然燭矣。……燭無，火亦不能獨行於虛空，又不能復然其他，燭猶人之者老，齒墮髮白，肌肉枯臘，而精神弗爲之能潤澤，內外周遍，則氣索而死，如火燭之俱盡矣。」（見《弘明集》卷五五）精神是依附於肉體的，如果形體不存，自然精神也就不存在了。

因此必定有與老莊思想不同之處。其中最顯著的便是受了陰陽五行相當程度的影響，陰陽五行都是「氣」，所以《淮南子》形成了與老莊思想顯然不同的「氣化宇宙觀」，這對宋儒「人之氣稟偏正」正因為稟彝不同而有所異，有很深的影響。

〈精神訓〉中有一段話是說明陰陽交感，萬物因而化生的道理：

> 古未有天地之時，……有二神混生，經天營地，孔乎莫知其所終極，
> 滔乎莫知其所止息。於是乃別為陰陽，離為八極。剛柔相成，萬物
> 乃形，煩氣為蟲，精氣為人。是故精神，天之有也；而骨骸者，地
> 之有也。精神入其門，而骨骸反其根，我尚何存？夫精神者，所受
> 於天也；而形體者，所稟於地也。

「煩氣為蟲，精氣為人」說明天地萬物雖然皆由天道所生，但是人與萬物最大的不同處，在於人是精氣所成，而人的精神為天所有，骨骸則為地所有。這與宋儒張橫渠的「氣化宇宙論」頗為相近：

> 游氣紛擾，合而成質者，生人物之散殊（《正蒙·太和》）

氣聚而成萬物，因此人也是氣所形成。可是氣有清濁之分：

> 太虛是清，清則無礙。無礙故神；反清為濁，濁則礙，礙則形。凡
> 氣，清則通，昏則雍（同上）

清的氣形成我們的精神，而濁的氣形成我們的形體，有了形體，則容易產生欲望，欲望則又容易成為罪惡的淵藪。因為我們精神之氣本來是清明的，但是一旦落入形體，為形體所拘束，則容易混濁不清，所謂：

> 形而後有氣質之性。善反之，則天地之性存焉。故氣質之性，君子
> 有弗性焉。人之剛柔、緩急，有才與不才，氣之偏也。天本參和不
> 偏。養其氣，反之本而不偏，則盡性而天矣（《正蒙·誠明》）

這就是有名的「氣質之性」與「天地之性」（朱子以後改為「義理之性」）。人生而為人就是因為氣質之性，而天地之性則是內在的氣質之性，也就是通過氣質之性來表現。這對宋儒在人性論的探討有很深的影響。

第二節 《淮南子》天道觀對文學之影響

《淮南子》一書就思想而言，雖是秦漢黃老道學之集大成者，然就文學而言，卻是具有濃厚的文學色彩，梁啟超說：「《淮南鴻烈》為西漢道家言之

淵府，其書博大而有條貫，漢人著述中第一流也。」（《中國近三百年學術史》）
並非虛言。因此《淮南子》在表達天道觀的同時，是以相當瑰麗的文字呈現
出其文采，也就是說以優美的語言，來談論深思的哲學問題。

　　《淮南子》的文風，雖然繼承先秦諸子各家之長，但由於它產於楚地，
因此受到了辭賦、莊子散文的影響，除了善用比喻、寓言之外，還運用了大
量的神話小說，帶有明顯的荊楚地域文化的特色，對後來的神話傳說與小說
戲劇提供更開闊的想像空間，與更豐富的發揮空間，此外，《淮南子》一書文
學創作的形成特色對於後來的辭賦、駢文亦有相當的催化作用，茲附述於此。

一、神話傳說

　　《淮南子》對天道的闡論，最大的特色就是以大量的神話傳說來表達它
的思想〔註5〕，如〈覽冥訓〉以后羿的長生不老之藥爲嫦娥所偷的神話故事，
表達如果沒有掌握天道的樞機，即使是人們心目中的大英雄，亦是徒勞無功：

> 譬若羿請不死之藥於西王母，姮娥竊以奔月。悵然有喪，無以續之。
> 何則？不知不死之藥所由生也。

這「不知不死之藥所由生也」原是《淮南子》所要表達得天道的根源，但是
這一則神話故事後來卻演變爲活潑生動的「嫦娥奔月」。如東漢・張衡〈靈憲〉
記載：

> 嫦娥，羿妻也。竊西王母不死之藥服之。奔月將往，枚筮於有黃，
> 有黃占之曰：『吉，翩翩歸妹，獨將西行，逢天晦芒，毋驚毋恐，後
> 且大昌』。嫦娥遂託身於月，是爲蟾蜍。

〈靈憲〉所記載的是后羿的妻子——嫦娥，在偷了后羿向西王母要來的不死
之藥，獨自飛往月宮，沒想到卻變成了月精蟾蜍〔註6〕，在月宮搗藥受苦，因
而有「嫦娥應悔偷靈藥，碧海青天夜夜心」（唐・李商隱〈嫦娥〉詩）的詩人
遐想。

　　然而，在一般民間的流傳中，搗藥者變成了白兔，清新皎潔的月色，使
嫦娥變成絕色的月宮美人。「嫦娥奔月」的故事發展到唐朝，又增添了一個人
物——吳剛，而且還出現了一棵五百丈的桂樹：

〔註5〕 我國古代的神話傳說以《山海經》、《楚辭》及《淮南子》三部書保存最爲豐
　　　　富。

〔註6〕 《淮南子・精神訓》亦言：「日中有踆鳥，而月中有蟾蜍。」

> 舊言桂中有樹，有蟾蜍。故異書言：月桂高五百丈，下有一人常斫
> 之，樹創隨合。人姓吳名剛，學仙有過，謫令伐樹（段成式《酉陽
> 雜俎》，轉引自《中國民間宗教史》P31）

雖然在一九六九年，美國人登陸月球，證實了並無嫦娥這一位美麗的月神，
也無白兔搗藥，更無吳剛砍樹，但是「嫦娥奔月」的美麗神話卻豐富了中國
二千年來無限空間的想像，甚至每逢中秋佳節，更是滋潤飄泊遊子的心靈。
直到今天，月亮雖然不再充滿神祕，充滿想像，但是中秋佳節卻仍是現代人
團圓的最佳時節，而這最初來源是《淮南子》說明掌握天道的重要性。

二、小說戲劇

　　《淮南子》除了大量以神話故事來表達天道的重要，亦以小說的方式來
說明天道是具相當的人格意志，如〈覽冥〉：

> 庶女叫天，雷電下擊，景公臺隕，支體傷折，海水大出。

高誘〈序〉曰：

> 庶賤之女，齊之寡婦，無子，不嫁，事姑謹敬。姑無男有女，女利
> 母財，令母嫁婦，婦益不肯。女殺母。以誣寡婦：婦不能自明，冤
> 結叫天，天為作雷電，下擊景公之臺，隕壞也，毀景公之支體，海
> 水為之大溢出也。

《說苑・貴德》亦記載一則故事，與《淮南子・覽冥訓》所言略近：

> 東海有孝婦，無子，少寡，養其姑甚謹。其姑欲嫁之，終不肯。其
> 姑告鄰之人曰：孝婦養我甚謹，我哀其無子守寡日久。我老，累丁
> 壯，奈何？其後母自經死。母女告吏曰：孝婦殺我母。吏捕孝婦，
> 孝婦辭不殺姑。吏欲毒治，孝婦自誣服，具獄以上府。于公以為養
> 姑十年以孝聞，此不殺姑也。太守不聽：數爭不得，於是于公辭疾
> 去吏。太守竟殺孝婦。郡中枯旱三年。後太守至，卜求其故。于公
> 曰：孝婦不當死，前太守強殺之，咎當在此。於是殺牛祭孝婦冢，
> 太守以下自至焉，天立大雨，歲豐熟。

這儼然是〈覽冥訓〉的發展，至晉・干寶《搜神記》卷十一，在引于公一段
故事之後，續云：

> 長老傳云：孝婦名周青。青將死，車載十丈竹竿，以懸五旛，立誓
> 於眾曰：青若有罪，願殺，血當順下：青若枉死，血當逆流。既行

刑巳，其血青黃，緣旛竹而上標，又緣旛而下云。

《搜神記》連孝婦的名字都有了，這當然是後人的附會，但是這一則東海孝婦的故事卻對後世的戲劇產生偌大的影響，如關漢卿的〈感天動地竇娥冤〉。劇中的竇娥在屈打成招後，含冤莫白，臨刑前對天起了三椿誓願：一要血濺白絹，二要六月飛雪，三要楚州亢旱三年，結果都一一靈驗了。這是典型《搜神記》的發展。直到今天，各地方戲曲，如粵劇、湘劇、晉劇、漢劇、河北梆子等等，均有〈六月雪〉、〈竇娥冤〉、〈羊肚湯〉或〈斬竇娥〉精釆的演出，而推其源委，是來自於《淮南子》欲表達天道爲一有主宰意志的人格神。

三、辭賦駢文

《淮南子》一書雖自劉歆〈七略〉開始，就列在諸子的雜家之列，直到今天仍然沒有改變。但是《淮南子》的內容博大宏富，萬象崢嶸，在修辭上鋪陳排比，連類喻義，在行文上奇偉瑰麗，寓言明理，可說是西漢前期散文的代表作。因此即便是闡論天道觀這種形而上的哲學問題，它所使用的語言亦是極盡鋪張華麗。如〈原道〉這一則談論天道的性質之一——柔弱，可以說是一篇〈水賦〉：

> 天下之物，莫柔弱於水。然而大不可極，深不可測；脩極於無窮，遠淪於無涯，息耗減益，通於不訾；上天則爲雨露，下地則爲潤澤，萬物弗得不生，百事不得不成，大包群生，而無好憎。澤及蚑蟯，而不求報，富贍天下而不既，德施黔姓而不費；行而不可得窮極也，微而不可得把握也；擊之無創，刺之不傷，斬之不斷，焚之不然，淖溺流遁，錯繆相紛，而不可靡散，利貫金石，強濟天下，動溶無形之域，而翱翔忽區之上；邅回川谷之間，而滔騰大荒之野；有餘不足，與天地取與，授萬物而無所前後。是故無所私而無所公，靡濫振蕩，與天地鴻洞；無所左而無所右，蟠委錯紾，與萬物終始。是謂至德。夫水之所以能成其至德於天下者，以其淖溺潤滑也。

由這一篇描述天道的性質——柔弱——的文字看來，宏麗之詞，駢散相間，奇偶相濟，整鍊對仗，對後來東漢的辭賦、六朝的駢文，甚至唐宋的四六文都有很深的影響。如張衡〈歸田賦〉：

> 遊都邑以永久，無明略以佐時，徒臨川以羨魚，俟河清乎未期，感蔡子之慷慨，從唐生以決疑，諒天道之微昧，追漁父以同嬉。超塵

埃以遐逝，與世事乎長辭。於是仲春令月，時和氣清，原隰鬱茂，百草滋榮。王睢鼓翼，倉庚哀鳴，交頸頡頏，關關嚶嚶。遊焉逍遙，聊以娛情。爾乃龍吟方澤，虎嘯山丘。仰飛纖繳，俯釣長流。貪矢而斃，食餌吞鉤。落雲間之逸禽，懸淵沈之魦鰡。于時曜靈俄景，係以望舒。極般遊之至樂，雖日夕而忘劬。感老氏之遺誡。將迴駕乎蓬廬。彈五弦之妙指，詠周孔之圖書。揮翰墨以奮藻，陳三皇之軌模。苟縱心於物外，安知榮辱之所知。

〈歸田賦〉文辭濃麗，韻散夾雜，對偶整齊，開啓抒情小賦的新徑，已有四六文的雛型。除了張衡之外，其他如賈誼〈鵩鳥賦〉、司馬相如〈子虛賦〉、〈上林賦〉、〈長門賦〉、〈美人賦〉、揚雄〈甘泉賦〉、枚乘〈七發〉、王褒〈洞簫賦〉、蔡邕〈述行賦〉等等，都是相當有名的辭賦，這對六朝以後的駢文有先導作用，如孔稚圭〈北山移文〉、丘遲〈與陳伯之書〉、庾信〈哀江南賦〉等等，使用色彩濃艷、富麗堂皇的詞彙，掀起六朝綺麗的文風，甚而劉勰《文心雕龍》更以專著來總結駢文的寫作經驗。《淮南子》這種以辭賦的表現方式可謂影響大矣！

第三節　《淮南子》天道觀對美學之影響

《淮南子》既然以天道為萬物之本，誠然「美」亦為天道所生，因此下敘以「自然之道」與「形、氣、神」兩個方面來探討《淮南子》天道觀對後世美學的影響。

一、自然之道

《淮南子・泰族訓》言：「天致其高，地致其厚，月照其夜，日照其晝，陰陽化，列星朗，非其道而物自然。」說明萬事萬物在自然界中的變化，都是自然而然的，所以「萍樹根於水，木樹根於土。鳥排虛而飛，獸蹠實而走。蛟龍水居，虎豹山處，天地之性也」（〈原道訓〉），天地間的萬物其運動都是自然的，這種「自然之道」的天道觀對六朝以後的美學有相當深遠的影響，首先在文章中表現這種「自然之道」是劉勰《文化雕龍》中的〈原道〉一文。

《文心雕龍・原道》以「自然之道」貫穿全書，應是自《淮南子》而來：

玄黃色雜，方圓體分，日月疊壁，以垂天之象；山川煥綺，以鋪理地之形：此蓋道之文也。仰觀吐曜，俯察含章，高卑定位，故兩儀

> 既生矣。惟人參之，性靈所鐘，是謂三才；爲五行之秀，實天地之
> 心。心生而言立，言立而文明，自然之道也。

文章之所以能「與大地並生」(〈原道〉)，就是因爲「天圓地方」各有不同的
形態，「日月山川」爲這天與地織成一片旖旎風光。因此〈原道〉所原之道，
即是自然之道，這種自然之道「旁及萬品，動植皆文：龍鳳以藻繪呈瑞，虎
豹以炳蔚凝姿；雲霞雕色，有逾畫工之妙；草木賁華，無待錦匠之奇：夫豈
外飾，蓋自然耳」，這「自然」與「道」是同一性質，即是「自然而然，天然
生成」。劉勰認爲「文」與天地並生，則天地與「文」是同時存在的，其目地
是強調文章要出乎自然，不可矯揉造作。

「劉彥和在〈原道篇〉論到文章的本源，認爲萬事萬物中雖變化多端，但
還是有一個永遠不變的道理，這個道理就是一切事物的根本，而這個不變的道
理在文學上就稱之爲文統。因此，《文心雕龍》才會有〈原道〉、〈徵聖〉、〈宗經〉
等篇。」(見《中國文學講話》南北朝之部 P356)。紀曉蘭亦言：「齊梁文藻，
日競雕華，標自然以爲宗，是彥和吃緊爲人處」(轉引自鄭在瀛《文朝文論》
P208)。總而言之，劉勰的文學主張是強調「文」與「道」應結合，其反對浮華
綺麗的靡濫文風，不僅在當時有積極作用，在今天亦值得我們借鑒。

二、形、氣、神

上述第四章〈萬物與天道之關係〉一節裡，曾論及「形、氣、神」在「人
生哲學」中的重要，雖然這是道家養生的主張，並非針對美學與藝術，但是
卻對後世的美學產生重要的影響。

《淮南子》在〈原道訓〉中言：

> 夫形者生之舍也，氣者生之充也，神者生之制也。一失位則三者傷
> 矣。……今人之所以眊然能視，營然能聽，形體能抗，而百節可屈
> 伸，察能分白黑，視醜美，而知能別同異，明是非者何也？氣爲之
> 充，而神爲之使也。

〈原道訓〉將人的生命分爲形、氣、神三方面，「形」如同生命的屋宇，即人
的身體，生命存在的方式；「氣」則是支撐生命的活動，即生命的實質，形體
之所以得以存活就是因爲有氣；至於「神」則是生命的主宰，支配人所有的
生命活動，這也是人與禽獸不同的地方。因此「形、氣、神」三者缺一不可，
而這三者又以「神」爲最重要，因爲有「神」，所以人才有感覺、思維、意志、

情感等等，而這其中也包含了「視醜美」的能力，而人能夠「視醜美」，是因為「氣爲之充而神爲之使」，這種以「神」爲主要論點的審美觀是東晉顧愷之「傳神寫照」〔註7〕繪畫美學原理的淵源。

　　《世說新語・巧藝》記載顧愷之的「傳神寫照」：

　　　顧長康畫人，或數年不點目精。人問其故，顧曰：「四體妍蚩，本無關於妙處，傳神寫照，正在阿堵中。

顧愷之認爲四肢的美醜與畫的妙處並無多大關係，關鍵乃在眼神之中。眼睛與傳神之間的關連在〈排調〉有「鬚髮何關於神明」之說，〈賢媛〉亦有「髮白歲落，屬乎形骸；至於眼耳，關於神明」之說，都是在強調眼睛能夠傳神的重要性。這種「傳神」自然對顧愷之的繪畫有直接間接的影響，如〈巧藝〉記載他爲臉上長三根細毛的裴楷畫像，他之所以畫得比別的畫家出色，不是在於他只取優點，遮掩缺點，而是他如實地畫出裴楷臉上這被視爲缺點的三根細毛，但是顧愷之反而成功了，因爲他將人物的精神完全表達出來，使畫面格外生動。因此顧愷之的繪畫原理應該是受了《淮南子》原先強調人與天道的關係──宜「養生無欲」的「形、氣、神」的影響。

第四節　《淮南子》天道觀對宗教之影響

　　《淮南子》天道觀在宗教方面影響最深的，莫過於東漢末年本土所生長的道教了。

　　中國傳統的思想文化是以儒、佛、道三者爲主。在這三者之中，儒家向來受統治者的喜愛，所以是古代的正統思想；而佛教雖然是外來的宗教，但是信徒眾多，因此頗有影響力；至於道教與前二者比起來，勢力顯然是較爲單薄。但是道教根植於中國的社會生活中，卻是不容忽視，舉凡哲學、宗教學、歷史學、文學、民俗學、社會學，藝術學中的書法、繪畫、雕塑，自然科學中的化學、天文學、醫學、養生學，甚至體育中的武術、氣功等等，影響深鉅。劉精誠在其著作《中國道教史》中曾論述道教的思想淵源爲「鬼神崇拜與巫術」、「神仙崇拜與成仙方術」、「黃老思想」、「陰陽五行與讖緯神學」及「墨家思想」五

〔註 7〕顧愷之的繪畫理論有三大主題是最常被提及的：一、以形寫神，二、傳神寫照，三、邊想妙得。這三者在觀念上都有《淮南子》思想的影子，本文以「傳神寫照」爲主要論點，是強調「神」的重要性。

個部分（參見 P1～11），由此可知道教在產生與發展的過程中，本身即吸收和匯集了中國的傳統文化，因此它的思想淵源是多源頭的。《淮南子》是典型的黃老道家思想，因此對於道教的興起，不可不說有頗深的影響。

漢初原本盛行清靜無為的黃老道家思想，但是自董仲舒建議武帝獨尊儒術後，儒家思想即統治整個政治地位，黃老學說便逐漸退出政壇，許多研究黃老之學的人只好轉而探討修身養性的內容；而黃老思想中許多神祕的色彩〔註8〕，正好可以一探究竟。自秦漢以來講究長生不老的練丹術士〔註9〕並不靈驗，只好攀附黃老之學修身養性的內容，於是神仙方術與黃老之學相結合，加速道教的發展。

道教的原始經典——《太平經》〔註10〕，可說是兩漢方士與黃老之學的結合物，從其中我們可以發現有《淮南子》天道觀的影子，因此本節以《太平經》為主，論述其與《淮南子》天道觀之間的思想關係。

一、元氣論

《淮南子》天道觀論述萬物的化生，認為是來自「陰陽二氣的交感」：

> 道曰規始於一，一而不生，故分而為陰陽。陰陽合而萬物生。故曰：
> 一生二，二生三，三生萬物（〈天文訓〉）

〔註8〕 如《老子》十四章記載道是「無狀之狀，無物之象」，「視之不見、聽之不聞、搏之不得」的「惚恍」與「混成」（一章），但是這種虛無的本體卻是宇宙萬物化生的本源，四十二章言道生萬物的過程：「道生一，一生二，二生三，三生萬物。」道的這種化生萬物的神祕過程，正好為道教所利用。

〔註9〕 據《史記‧秦始皇本紀》卷六記載，秦始皇三十五年，盧生對秦始皇說：「臣等求芝奇藥仙者常弗遇，類物有害之者。方中，人主時為微行以辟惡鬼，惡鬼辟，真人至。人主所居而人臣知之，則害於神。真人者，入水不濡，入火不爇，陵雲氣，與天地久長。今上治天下，未能恬惔。願上所居宮毋令人知，然后不死之藥殆可得也。」盧生的這番話，引起秦始皇高度的興趣：「吾慕真人，自謂『真人』，不稱『朕』。」乃令咸陽之旁二百里內宮觀二百七十復道甫道相連，帷帳鐘鼓美人充之，各案署不移徙。行所幸，有言其處者，罪死。」當然秦始皇這麼做，是不會有任何的結果。盧生在騙取秦始皇的金帛之後，便一走了之，激怒了秦始皇，而引發了歷史上有名的「坑儒」事件。

〔註10〕 道教的初傳應上溯漢成帝時，齊人甘忠所作的《包太平經》，但是甘忠後來被殺（見《漢書‧眭兩夏侯翼李傳》卷七十五），然而此書卻在民間祕密流傳，至漢順帝時，道士干吉等人在《包太平經》的基礎上，編撰了一部在中國道教史上具有劃時代意義的著作《太平青領書》，即保存至今的《太平經》（見《後漢書‧襄楷傳》卷三十下）。

> 古未有天地之時，惟象無形。窈窈冥冥，芒芠漠閔；澒濛鴻洞，莫
> 知其門。有二神混生，經天營地，孔乎莫知其所終極，滔乎莫知其
> 所止息。於是乃別為陰陽，離為八極。剛柔相成，萬物乃形。煩氣
> 為蟲，精氣為人（〈精神訓〉）

《淮南子》認為宇宙萬事萬物皆為陰陽二氣所化生，這種陰陽二氣為世界本原
的理論，事實上是黃老思想相當流行的學說，因此自然為《太平經》所吸收：

> 元氣恍惚自然，共凝成一，名為天也（按上下文義，應為「共凝成
> 天，名為一也」）；分而生陰而成地，名為二也；因為上天下地，陰
> 陽相合施生人，名為三也。三統共生，長養凡物名為財。

《太平經》所言之元氣即《淮南子》所言之天道，皆是構成宇宙萬事萬物的
本原〔註11〕，其凝而成天，分而成地，陰陽相合而成人，天、地、人三者再
共生萬物，這是《淮南子》在〈天文訓〉與〈精神訓〉中思想的延伸，然而
這種元氣不單單只是生成萬物而已，它還具有一定的道德色彩：

> 元氣自然樂，則合共生天地。悅則陰陽和合，風雨調。……元氣自
> 然不樂分爭，不能合身和德，而共生天地也。天地不樂，陰陽分爭，
> 不能合氣四時五行，調風雨……其歲大凶。

這是因為東漢末年政治動盪，社會不安，人心急於安定的需求。而這元氣的
成天地、化萬物並非任意而行，仍是必須依天道而行，「六極之中，無道不能
變化。元氣行道，以生萬物，天地大小，無不由道而生者也」（同上）。在元
氣之上，還有一個更高的主宰者，這是《淮南子》的天道觀的延伸發展。

二、長生論

《淮南子》在探究天道與人的關係時，除了〈精神訓〉與〈天文訓〉言
「人的生成」與天的結構有相當密切的關係外（見本章第一節），更曾以「形、
氣、神」來說明養生的重要性：

〔註11〕關於宇宙萬物本源的問題，《太平經》提出「道」、「元氣」與「一」三個彼此
聯系又相互區別的概念和範圍。《太平經》認為道是萬物的元首：「元氣行道，
以生萬物，天地大小，無不由道而生者也。」即道是萬物之源；但是萬物的
生成又通過元氣守道以生天地來實現。大地萬物都由元氣產生，由元氣組成，
「夫物始于元氣」「元氣乃包裹天地八方，莫不受其氣而生」。不過元氣組成
物質的形體各自不同：「夫天地人，本同一元氣，分為三體，各有自組始」，
顯然這是將元氣當作產生萬物的根源。

> 夫形者生之舍也，氣者生之充也，神者生之制也。一失位則三者傷矣。是故聖人使人各處其位，守其職，而不得相干也。故夫形者，非其所安也而處之則廢；氣不當其所充，而用之則泄；神非其所宜，而行之則昧。此三者，不可不慎守也。夫舉天下萬物、蚑蟯貞蟲，蠕動蚑作，皆知其所喜憎利害者何也？以其性之在焉而不離也。忽去之，則骨肉無倫矣。今人之所以眣然能視，營然能聽，形體能抗，而百節可屈伸，察能分白黑，視醜美，而知能別同異，明是非者何也？氣為之充，而神為之使也。……是故聖人將養其神，和弱其氣，平夷其形，而與道沈浮俛仰，恬然則縱之，迫則用之。其縱之也若委衣，其用之也若發機。如是，則萬物之化無不遇，而百事之變無不應（〈原道訓〉）

「形、神、氣」三者以「神」為生命的總主宰，「神貴於形也。故神制則形從，形勝則神窮」（〈詮言訓〉），如果「神失其守」，則「形閉中距」（〈原道訓〉），而掌握「神」，即掌握天道，聖人就是掌握天道之人，所以他能「養其神，和弱其氣，平夷其形」，天道是長久不滅，與天道沈浮挽仰的聖人，自然也就能長生了。這種「形、氣、神」的養生觀念可以達到長生的目地，在《太平經》中隨處可見，如：

> 人有一身，與精神常合併也。形者乃主死，精神者乃主生。常合即吉，去則凶。無精神則死，有精神則生。常合即為一，可以長常存也。
>
> 形若死灰守魂神，魂神不去乃長存。

生命是「神」與「形」的結合，「神」如果離開「形」，則人只有一死，因此唯有「守神」才能保住生命，而守神即「守本」，「離本求末禍不治」，因此《太平經》認為修道的首要條件即守神，如此方能長生，這是企圖從人之身的「形神合一」出發，建立其長生不死的理論。

又《太平經》將人與神分為九個等級，即奴婢、凡人、賢人、聖人、道人、仙人、真人、大神人、神人。這是一個可以藉著修練而成仙的過程，所謂「夫人愚學而成賢，賢學不止成聖，聖學不止成道，道學不止成仙，仙學不止成真，真學不止成神，其積學不止所致也」（同上），神人是不死的，《淮南子·覽冥訓》中一則「譬若羿請不死之藥於西王母，姮娥竊以奔月」神話故事說明神人都是不老不死，因此《太平經》這種僅是奴婢都可以藉修行而

成仙成道的長生觀念，自然使道教廣受人民百姓的喜愛歡迎，無怪乎可以在民間根深蒂固長達一千八百年之久。

三、拜神論

　　道教的最大特色之一，就是多神的信仰與崇拜。

　　這種鬼神、神仙的崇拜來自於原始時代，人們對大自然的愚昧無知與不可抗拒，從中產生對自然界的依賴與恐懼，因此上自天地、日月、星辰，雷電、風雨，下至河海、山岳、土地、動物、植物，無不可能成為膜拜的對象，推而廣之，甚至去世的祖先，或有功於民族的古聖先賢，如神農、黃帝、堯、舜、禹、湯等等皆是神，皆是信仰崇拜的對象。

　　《淮南子》在《覽冥訓）中原以二則神話故事來說明掌握天道的重要，沒想到故事中的人物後來都成了人民崇拜的「神」：

　　　　譬若羿請不死之藥於西王母，姮娥竊以奔月。悵然有喪，無以續之。

　　　　何則？不知不死之藥所由生也

　　　　庶女叫天，雷電下擊，景公臺隕，支體傷折，海水大出。

前者成了美麗的月神；後者則成了雷神與電神。猶記得小時候，長輩再三叮嚀，不能隨便以手指頭指著「月娘」，尤其是上弦月或下弦月時，因為以手指頭指著月亮是不敬的，月亮會趁著你晚上睡覺時，割你的小耳朵，這當然是無稽之談。但是從中卻可以發現道教這種多神的崇拜信仰，在今天即將邁入二十一世紀的中國人，仍然根深蒂固。至於雷神與電神，從古至今則是一直扮演著懲惡行刑的角色，在〈覽冥訓〉中代表的是天意，為民申冤，懲罰不公正的人間君王；而在今天，仍然記得小時候如果碗裡的飯粒沒有吃乾淨，長輩就會恐嚇我們：「飯粒沒有吃乾淨會被『雷公』打死！」而一般人在信誓旦旦的時侯，也會借「雷公」來起誓：「如果我怎麼樣，出門就被『雷公』打死。」當然現在我們知道下雨時的雷電，是大自然中的陰電與陽電的交合，但是這種古老的訓誡卻在民間一直沒有改變。

第六章　結　論

　　綜合以上對《淮南子》天道觀之研究，歸結要點如下：

　　一、《淮南子》一書所呈現的思想究竟是屬於雜家或道家，這是歷來學者所爭論不休的話題。將它歸諸於雜家或多或少是因為《漢書・藝文志》將它列於雜家，縱使高誘注言「其旨近老子」，但是就它的內容來看、作者群及學術的淵源，甚至行文的風格，皆含有「雜」的成分。我們不能否認，它確實是承繼道家的思想。首篇〈原道訓〉探討自然規律的本源，明白指出天道的時間與空間是無限存在，這是老子思想的發揮；繼而〈俶真訓〉以掌握天道之樞要者方能優游自如，這是莊子思想的發揮；其他如〈天文訓〉、〈精神訓〉以更為精采的言論來表達天道化生宇宙萬物的過程，這些都是典型的道家思想。個人認為一個時代有一個時代的思想特質，春秋戰國時期的老子與莊子因為其時代的背景，所以有反智反德的《老子》與逍遙自在的《莊子》出現，而《淮南子》的時代與老莊的時代截然不同，加以戰國以來陰陽五行深入人心，思想界當然不免受其影響，形成《淮南子》與先秦道家不同的黃老道家，因此《淮南子》一書是欲以道家思想來會通先秦諸子，只是編者劉安未能充分消化先秦諸子的思想，把各家各派的意見融會貫通，以致形成《淮南子》顯現出「雜家」的面貌，這是《淮南子》一書的特殊所在。

　　二、《淮南子》成書的學術背景，在客觀環境方面除了受漢初黃老清靜無為的思想影響頗深外，儒家思想、陰陽思想、刑名法制的思想皆是影響其成書的因素。再者，甚至因為淮南的地理位置在南方，所以書中文字以濃麗的辭賦形式表達。但是個人發現影響《淮南子》成書內容的最大因素在於淮南王劉安本人的生命特質，其本性好書樂及廣納賓客倒是其次，主要在於劉安

背負二代的冤情，任誰也想「鹹魚翻身」。年輕有為的武帝方繼承大統，即迫不及待地呈獻繼《呂氏春秋》以來更包羅萬象的《淮南子》，期待假以時日，武帝以此治國，除了自己的理想得以實現外，更重要的是希望藉此可以平步青雲，不再活在祖、父二代的陰霾下，卻沒有想到自己最後仍把持不住，下場與其祖、父同出一轍。而後武帝採董仲舒「尊獨儒術」的建議，儒家思想成為正統的思想，這本以黃老道家為思想主脈的《淮南子》，也隨著主人不幸的下場，長期被讀書人冷落了。

三、在先秦思想界的天道觀，已有自然的天道觀與人格意志的天道觀，而漢代的天道觀自然承襲先秦的天道觀而來，並進一步將天道與人道結合為一，形成中國二千年來，無論是哲學、政治、倫理、人生觀……等等皆受到影響的「天人合一」觀念。事實上「天人合一」的思想早在先秦諸子已有這種根苗，只是到了漢代才更明顯將地將它表達出來。《淮南子》一書正處於這種「承上啟下」的關鍵，承先秦諸子「天人命一」的觀念，啟董仲舒「天人感應」的思想，雖然後來《淮南子》一書為世人所忽略，但是「天人合一」的觀念卻在歷史的洪流裡引起廣大的迴響。

四、《淮南子》的天道觀很明顯的是承繼道家思想而來，因此在本論文的第四章析論其天道觀的性質時，可以發現其與老莊的天道觀非常相近，但是《淮南子》並非一昧沿襲舊有的概念，而是有所發揮。個人認為一方面因為先秦百家綻放的思想影響，給予《淮南子》廣闊的思想基礎；另一方面，主其事者劉安本身才華洋溢，參與賓客群不拘於一家，以致《淮南子》的天道觀不僅有道家自然的天道觀，在落實於人道時，天道所扮演的則是有人格意志的角色。因此不管是處事哲學、人生哲學或政治哲學，只要秉持著天道而行，就能像天道大化流行一樣，優游自如，不被人為的桎梏所牽絆。

五、由於漢初的學術思想自由，加上《淮南子》一書龐大的作者群，其思想不拘於一家，因此《淮南子》一書得以呈現多元性面貌，也因此在論述天道觀時，其觀念、表達的文字形式、或例子的列舉，直接、間接影響後世的思想、文學、美學與宗教等等。其中又以文學影響最深，瑰麗的舖陳排比是六朝辭賦駢文的先聲，美麗的神話傳說豐富了中國人二千年來無限的幻想空間，更是導引小說戲劇精采的演出。另外，「形、氣、神」除在美學方面，掀起魏晉以「神」為主要論點的審美觀，也在養生方面給予理論的基礎。「形」與「神」是互相結合的，「守神」即是「守本」，而守本則是長生祕訣。

六、《淮南子・要略》言其著書的主要目地：「若劉氏之書，觀天地之象，通今古之事；權事而立制，度形而施宜；原道之心，合三王之風。以儲與扈冶，玄妙之中，精搖靡覽，棄其畛挈，斟其淑靜；以統天下，理萬物，應變化，通殊類。」這是由天道之理來貫通政治措施，應該是最理想的「爲政之道」，然而爲何終究仍只是淪爲理想的政治抱負而已呢？這一點是必須說明的。蓋《淮南子》一書是淮南王劉安欲趁此獻書的機會，一掃其孤臣孽子的悲慘命運，因此大張旗鼓，招募賓客，撰寫此巨著，並且認爲唯有此《劉氏之書》才能解決當時各種刺手的問題。照理來說，《淮南子》應是最理想的政治藍圖，但是爲何總編者劉安會淪於自裁，使這部巨著因爲其主人的特殊身份，以致在清末之前幾乎乏人問津？個人認爲這是因爲《淮南子》的政治思想中，對中央集權與裁諸侯的中央政策〔註1〕，提出相當程度的制衡。林聰舜說：「《淮南子》徹底的無爲主張，以及反對思想定於一尊，反對中央定於一以束縛地方的禮制，強調各地禮俗的齊等價值，強調『法生於義』、『法籍禮義，所以禁君，使無擅斷』，凡此皆反映劉安及其賓客面對朝廷日益擴張，諸侯王權日感的形勢下，要求爲諸侯留下活動空間的期望。」（《西漢前期思想與法家的關係》P155）這種期望與當時朝廷的要求是扞格不入的，也與當時前後學者的思想判若雲泥，尤其是在武帝接受董仲舒「獨尊儒術」的建議後，更是顯得突兀。在這樣前無「古人」，後無「來者」的情況下，《淮南子》的政治抱負顯得相當孤單，而在往後的帝制裡，中央集權更是與日俱增，《淮南子》的政治思想終究只是「理想抱負」了。

〔註 1〕 諸侯和中央或地方與朝廷之間的矛盾關係，自劉邦開國後就一直存在著，中央以削除諸侯王及地方勢力爲最終目標（前者如七國之亂，後者如韓信），因此只要諸侯及地方勢力一日不除，雙方緊張的關係就會一直存在，這也是淮南王劉安惴慄不安的原因。

參考書目

一、古　籍

1. 《詩經》，藝文，十三經注疏。
2. 《左傳》，周・左丘明，藝文，十三經注疏。
3. 《國語》，周・左丘明，商務，十三經注疏。
4. 《墨子》，周・墨翟，商務，影印文淵閣四庫全書本。
5. 《管子》，周・慎到，世界，新編諸子集成第五冊。
6. 《西京雜記》，漢・劉向，商務，影印文淵閣四庫全書本。
7. 《史記》，漢・司馬遷，鼎文，民國 79 年。
8. 《淮南子》，漢・高誘注，世界，民國 73 年。
9. 《淮南鴻列集解》，漢・高誘注，商務，影印文淵閣四庫全書本。
10. 《淮南子》，漢・高誘注，世界，新編諸子集成第七冊。
11. 《呂氏春秋》，漢・高誘注，世界，新編諸子集成第五冊。
12. 《春秋繁露》，漢・董仲舒，中華，四部備要。
13. 《漢書》，漢・班固，鼎文，民國 80 年。
14. 《論衡》，漢・王充，世界，民國 56 年。
15. 《後漢書》，劉宋・范曄，鼎文，民國 76 年。
16. 《阮籍集》，魏・阮籍，古籍，民國 67 年。
17. 《老子道德經注》，晉・王弼，世界，新編諸子集成第三冊。
18. 《周易》，晉・王弼注，藝文，十三經注疏。
19. 《莊子》，晉・郭象注，藝文，民國 72 年。
20. 《列子》，晉・張湛注，世界，民國 44 年。

21. 《搜神記》，晉・干寶，商務，影印文淵閣四庫全書本。

22. 《世說新語》，南朝宋・劉義慶，商務，影印文淵閣四庫全書本。

23. 《水經注》，魏晉・酈道元，商務，影印文淵閣四庫全書本。

24. 《顏氏家訓》，北齊・顏之推，商務，影印文淵閣四庫全書本。

25. 《昭明文選注》，唐・李善注，藝文，民國 56 年。

26. 《藝文類聚》，唐・歐陽詢，商務，影印文淵閣四庫全書本。

27. 《尚書》，唐・孔穎達注，藝文，十三經注疏。

28. 《禮記》，唐・孔穎達注，藝文，十三經注疏。

29. 《群書治要》，唐・魏徵等，商務，影印文淵閣四庫全書本。

30. 《隋書》，唐・魏徵等，鼎文，民國 76 年。

31. 《歷代名畫家》，唐・張彥遠，商務，影印文淵閣四庫全書本。

32. 《朱子語類》，宋・黎靖德等，商務，影印文淵閣四庫全書本。

33. 《郡齋讀書志》，宋・晁公武，商務，影印文淵閣四庫全書本。

34. 《張橫渠集》，宋・張橫渠，商務，影印文淵閣四庫全書本。

35. 《四書集註》，宋・朱熹，世界。

36. 《關漢卿全集》，元・關漢卿，商務，影印文淵閣四庫全書本。

37. 《淮南內篇雜誌（《讀書雜誌》）》，清・王念孫，商務，民國 67 年。

38. 《淮南內篇評議（《諸子平議》）》，清・俞樾，世界，新編諸子集成第八冊。

39. 《四庫總目提要》，清・永瑢等，商務，影印文淵閣四庫全書本。

40. 《墨子閒詁》，清・王先謙，世界，民國 47 年。

41. 《莊子集解》，清・王先謙，世界，新編諸子集成第三冊。

42. 《荀子集解》，清・王先謙，世界，新編諸子集成第二冊。

43. 《韓非子集解》，清・王先謙，世界，新編諸子集成第五冊。

44. 《正統道藏（太平經）》，藝文，民國 66 年。

二、今 籍

1. 《飲冰室文集十三冊》，梁啟超，中華，民國 29 年。

2. 《鄒衍遺說考》，王夢鷗，商務，民國 55 年。

3. 《先秦兩漢之陰陽五行學》，李漢三，鐘鼎，民國 56 年。

4. 《中國神話研究》，新陸書局編，新陸，民國 58 年。

5. 《老子探義》，王淮，商務，民國 58 年。

6. 《中國人性論史（先秦篇）》，徐復觀，商務，民國 58 年。

7. 《中國政治思想史》，薩孟武，三民，民國 58 年。

8. 《中國哲學史》，謝无量，中華，民國 58 年。

9. 《先秦十子思想概述》，李九瑞，民國 61 年。

10. 《孔孟與諸子》，張柳雲，中華，民國 61 年。

11. 《淮南子論文書》，戴君仁等，木鐸，民國 65 年。

12. 《兩漢思想史（卷二）》，徐復觀，學生，民國 65 年。

13. 《漢唐史論集》，傅樂成，聯經，民國 66 年。

14. 《中國的四大集成思想》，周弘然，帕米爾，民國 67 年。

15. 《淮南集證》，劉家立，廣文，民國 67 年。

16. 《韓非子的哲學》，王邦雄，東大，民國 68 年。

17. 《老莊思想論集》，王煜，聯經，民國 68 年。

18. 《中國哲學原論（原性篇）》，唐君毅，學生，民國 68 年。

19. 《中國道教史》，傅家勤，商務，民國 69 年。

20. 《淮南論文三種》，于大成，文史哲，民國 69 年。

21. 《才性與玄理》，牟宗三，學生，民國 69 年。

22. 《漢史論集》，韓復智，文史哲，民國 69 年。

23. 《秦漢史》，勞榦，中國文化學院，民國 69 年。

24. 《先秦諸子繫年》，錢穆，三民，民國 69 年。

25. 《中國中古哲學史要》，韓逋仙，正中，民國 69 年。

26. 《韓非子析論》，謝雲飛，東大，民國 69 年。

27. 《儒家天人合一思想之研究》，施湘興，正中，民國 70 年。

28. 《孔子運均與莊子神治思想》，李克莊，中國文化，民國 70 年。

29. 《求古編（秦漢知識分子）》，許倬雲，聯經，民國 71 年。

30. 《中國上古史綱》，張蔭麟，里仁，民國 71 年。

31. 《中國哲學思想史（先秦篇）》，羅光，學生，民國 71 年。

32. 《諸子學概要》，吳康，正中，民國 71 年。

33. 《天人論集》，周長耀，世紀，民國 71 年。

34. 《老子哲學》，許大同，五洲，民國 72 年。

35. 《韓非思想的歷史研究》，張純、王曉波，聯經，民國 72 年。

36. 《原始儒家道家哲學》，方東美，黎明，民國 72 年。

37. 《天道與人道》，黃俊傑，聯經，民國 72 年。

38. 《中國哲學十九講》，牟宗三，學生，民國 72 年。

39. 《漢代哲學》，周紹賢，中華，民國 72 年。

40. 《國學研究論文集》，熊公哲等，黎明，民國 72 年。

41. 《中國哲學原論（原道篇卷二）》，唐君毅，學生，民國 73 年。

42. 《中國哲學史新編》，馮友蘭，人民，1984。

43. 《韓非的哲學與文學》，徐漢昌，文史哲，民國 73 年。

44. 《黃老之學通論》，吳光，人民，1984。

45. 《中國哲學思想史（兩漢南北朝）》，羅光，學生，民國 74 年。

46. 《中國哲學發展史》，任繼愈，人民，1985。

47. 《淮南子之思想論文集》，李增，華世，民國 74 年。

48. 《儒道天論發微》，傅佩榮，學生，民國 74 年。

49. 《中國中古思想史長編》，胡適，遠流，民國 75 年。

50. 《中國政治思想史》，蕭公權，聯經，民國 75 年。

51. 《中國哲學論叢（二）》，林耀增，學海，民國 75 年。

52. 《中國古代哲學史》，胡適，遠流，民國 75 年。

53. 《中國道教思想史綱（一）漢魏兩晉南北朝時間》，卿希鐸，木鐸，民國 75 年。

54. 《秦漢史》，錢穆，東大，民國 76 年。

55. 《淮南子（神仙道家）》，呂凱，時報，民國 76 年。

56. 《先秦政治思想史》，梁啟超，三民，民國 76 年。

57. 《中國哲學史》，臧廣恩，商務，民國 76 年。

58. 《中國美學史（一）》，李澤厚、劉綱紀，谷風，民國 76 年。

59. 《國學論文選集》，羅聯添，幼獅，民國 76 年。

60. 《中國文學講話（一）概說之部》，于大成，巨流，民國 77 年。

61. 《中西哲學思想中的天道與上帝》，李杜，聯經，民國 77 年。

62. 《中國文學概論（下）》，李鍌等編，國立空中大學，民國 77 年。

63. 《中國法家哲學》，王讚源，東大，民國 78 年。

64. 《中國哲學發展史》，吳怡，三民，民國 78 年。

65. 《中國百位哲學家》，黎建球，東大，民國 78 年。

66. 《中國哲學家與哲學專題》，王邦雄等人，國立空中大學，民國 78 年。

67. 《劉勰》，劉綱紀，東大，民國 78 年。

68. 《老子讀本》，余培林，三民，民國 79 年。

69. 《儒佛道與傳統文化》，中華，1990。

70. 《中國哲學史綱要》，范壽康，開明，民國 80 年。

71. 《中國哲學概論》，余雄，復文，民國 80 年。

72. 《中國哲學之路》，項退結，東大，民國 80 年。

73. 《中國思想研究法》，蔡尚思，商務，民國 80 年。

74. 《逍遙的莊子》，吳怡，東大，民國 80 年。

75. 《西漢前期思想與法家的關係》，林聰舜，火安，民國 80 年。

76. 《人生哲學》，黎建球，三民，民國 80 年。

77. 《老子的哲學》，王邦雄，東大，民國 80 年。

78. 《道教史資料》，中國道教協會研究所編，上海古籍，1991。

79. 《道教精萃》，劉國梁，吉林文史哲，1991。

80. 《從老子到王國維——美的神游》，雲告，湖南，1991。

81. 《智慧的老子》，張起鈞，東大，民國 81 年。

82. 《中國學術思想史》，鄺士元，里仁，民國 81 年。

83. 《中國哲學史》，馮友蘭，中華，1992。

84. 《十大思想家》，蔡德貴、劉宗賢，世界，民國 81 年。

85. 《老莊研究》，胡楚生，學生，民國 81 年。

86. 《莊子讀本》，黃錦鋐，三民，民國 81 年。

87. 《淮南子》，李增，三民，民國 81 年。

88. 《阮籍詩文》，倪其心譯註，錦繡，民國 81 年。

89. 《中國歷代思想史（一）》，姜國柱，文津，民國 82 年。

90. 《中國歷代思想史（二）》，周桂鈿，文津，民國 82 年。

91. 《中國哲學文獻選編（上）》，陳榮捷，巨流，民國 82 年。

92. 《中國古代思想中的氣論及身體觀》，楊儒賓，巨流，民國 82 年。

93. 《新編中國哲學史》，勞思光，三民，民國 82 年。

94. 《莊子的生命哲學》，葉海煙，東大，民國 82 年。

95. 《周易經傳象義闡釋》，朱維煥，學生，民國 82 年。

96. 《人生哲學》，夏雨人，三民，民國 82 年。

97. 《中國人生哲學》，方東美，黎明，民國 82 年。

98. 《國學導讀（三）》，邱燮友等編，三民，民國 82 年。

99. 《中國道教史》，劉精誠，文津，民國 82 年。

100. 《中國的道教》，金正耀，商務，民國 82 年。

101. 《中華古典名著精解》，劉城淮等編，中南工業大學，1993。

102. 《儒道論述》，吳光，東大，民國 83 年。

103. 《中國哲學辭典》，韋政通，水牛，民國 83 年。

104. 《中國思學（二）道家與道教》，宇野精編‧邱榮鐋譯，幼獅，民國 83 年。

105. 《中國秦漢想思史》，張國華，人民，1994。

106. 《中國歷史研究法》，梁啓超，里仁，民國 83 年。

107. 《道家與道家文學》，李炳海，麗文，民國 83 年。

108. 《陰陽五行說的政治思想》，孫廣德，商務，民國 83 年。

109. 《中國古代氣論與先秦哲學》，張榮明，民國 83 年。

110. 《讖緯論略》，鐘肇鵬，洪葉，民國 83 年。

111. 《中國民間宗教史》，馮佐哲、李富華，文津，民國 83 年。

112. 《中國秦漢宗教史》，黎家勇、李桂演，人民，1994。

113. 《怎樣讀文學古籍 —— 《淮南子》的文學特色》，張嘯虎，中華，1994。

114. 《中國散文史》，劉一沾、石旭紅，文津，民國 84 年。

115. 《中國哲學思想的古今》，陳俊輝，水牛，民國 84 年。

116. 《中國學術思想大綱》，林尹，商務，民國 84 年。

117. 《中國學術名著提要（二）哲學卷》，周谷城，黎明，民國 84 年。

118. 《中國思想史》，韋政通，水牛，民國 84 年。

119. 《黃帝四經今註今譯一馬王堆漢墓出土帛書》，陳鼓應，商務，民國 84 年。

120. 《易傳與道家思想》，陳鼓應，商務，民國 84 年。

121. 《中國近三百年學術史》，梁啓超，里仁，民國 84 年。

122. 《中國哲學三百題》，夏乃儒主編，建宏，民國 85 年。

123. 《淮南子譯注》，陳廣忠，建宏，民國 85 年。

124. 《中國倫理思想史》，唐宇元，文津，民國 85 年。

125. 《中國哲學範疇發展史（天道篇）》，張立文，五南，民國 85 年。

126. 《中國道教發展史》，劉鋒、臧知非，文津，民國 86 年。

127. 《新譯淮南子》，熊禮匯，三民，民國 86 年。

128. 《先秦天道觀之進展》，郭鼎堂，商務。

129. 《中國政治思想史》，陶希聖，食貨。

130. 《秦漢思想史研究》，黃錦鋐，學海。

131. 《兩漢儒學研究》，夏長樸，台大文史叢刊。

132. 《中國文化史》，柳詒徵，正中。

133. 《中華文化史論集》，褚柏思，中華。

134. 《中國文化之精神價值》，唐君毅，正中。

135. 《歷史與哲學》，牟宗三，學生。

136. 《中國古代思想史論》，李澤厚，華東。

137. 《中國哲學之簡述及其所涵蘊之問題》，牟宗三，學生。

138. 《古代中國文化與中國知識分子》，胡秋原，亞州。

139. 《兩漢知識分子的時代壓力感》，徐復觀，學生。

140. 《道家哲學系統探微》，黃公偉，新文豐。

141. 《中國哲學大綱》，羅光，商務。

142. 《中國中古思想小史》，胡適·手稿本，胡適紀念館。

143. 《中國古代思想史論》，李澤厚，華京。

144. 《兩漢思想史》，金春鋒，中國社會科學。

145. 《中國歷代思想家（一）》，洪安全等，商務。

146. 《中國歷代思想家（二）》，于大成等，商務。

147. 《中國古代思想史論》，李澤厚，華京。

148. 《中國哲學大綱》，羅光，商務。

149. 《中國古代宗教研究——天道上帝之部》，杜而未，華明。

三、學位論文

1. 《淮南子引用先秦諸子考》，麥文郁，台大中文研究所碩士論文，民國49年。

2. 《淮南鴻烈思想研究》，陳麗桂，師大國文研究所博士論文，民國72年。

3. 《淮南子內篇與老莊思想之關係》，鄒麗燕，台大中文研究所碩士論文，民國73年。

4. 《淮南子之政治思想研究》，吳順令，師大國文研究所碩士論文，民國73年。

5. 《淮南子無為思想之研究》，劉智妙，高師國文研究所碩士論文，民國78年。

四、期刊論文

1. 〈荀子的天道觀及其在中國古代天道思想中的地位〉，王俊傑，《國立編譯館館刊》一卷4期，民國61年12月。

2. 〈天道人道在中華文化上之重要性〉，于斌，《文藝復興月刊》45期，民國62年9月。

3. 〈孔子之仁教與性命天道〉，周群振，《孔孟學報》26 期，民國 62 年 9 月。

4. 〈儒家的天道觀〉，黃中，《孔孟月刊》十五卷 5 期，民國 64 年 1 月。

5. 〈漢初無爲治術之研究〉，安志遠，《淡江學報》，民國 64 年 1 月。

6. 〈孔孟荀的天道觀〉，孫廣德，《孔孟月刊》十三卷 7 期，民國 64 年 3 月。

7. 〈夫子之言性與天道〉，傅隸樸，《孔孟學報》27 期，63 年 4 月。

8. 〈兩漢之儒術〉，陶希聖，《食貨月刊復刊》五卷 7 期，民國 64 年 10 月。

9. 〈孔子的天道觀念（上）〉，盧瑞鐘，《孔孟月刊》十四卷 6 期，民國 65 年 3 月。

10. 〈孔子的天道觀念（下）〉，盧瑞鐘，《孔孟月刊》十四卷 8 期，民國 65 年 4 月。

11. 〈孟子的天道觀念〉，盧瑞鐘，《孔孟月刊》十五卷 5 期，民國 66 年 1 月。

12. 〈我看老子的天道觀〉，王聿修，《民主憲政》四八卷 10 期，民國 66 年 2 月。

13. 〈從儒家地位看漢代政治〉，榮榦，《中華文化復興月刊》十卷 2 期，民國 66 年 2 月。

14. 〈陰陽家的起源〉，周昌龍，《書目季刊》十卷 4 期，民國 66 年 3 月。

15. 〈董仲舒的天道觀〉，王孺松，《師大學報》二二（上），民國 66 年 6 月。

16. 〈荀子的天道觀念〉，王孺松，《國教世紀》十三卷 5 期，民國 66 年 11 月。

17. 〈儒家與道家墨子天道觀念之比較〉，施湘興，《三民主義學報》2 期，民國 67 年 4 月。

18. 〈荀子的天、道與天道〉李杜，《哲學與文化》五卷 9 期，民國 67 年 9 月。

19. 〈孔子的天、道與天道〉，李杜，《幼獅學誌》十五卷 2 期，民國 67 年 12 月。

20. 〈中國古代思想中的天帝與天道導論〉，李杜，《幼獅月刊》四九卷 1 期，民國 68 年 1 月。

21. 〈從論語蠡測孔子的天道思想〉，王更生，《孔孟月刊》十九卷 1 期，民國 69 年 9 月。

22. 〈淮南子「主術」篇中「法」的概念〉，安樂哲，《大陸雜誌》六一卷 4 期，民國 69 年 10 月。

23. 〈評介拉布蘭克博士「淮南子的感應觀」〉，王煜，《中華文化復興月刊》十三卷 11 期，民國 69 年 11 月。

24. 〈董仲舒天道觀之內涵與模態辨義 —— 董仲舒天人思想研究之二〉，周

群振，《中國文化月刊》17 期，民國 70 年 3 月。

25. 〈淮南子與老學〉，周力行，《中國與日本》141 期，民國 70 年 3 月。

26. 〈兩漢儒士的仕隱態度與社會風氣〉，洪安全，《孔孟學報》42 期，民國 70 年 9 月。

27. 〈兩漢儒士的仕隱態度與社會風氣（下）〉，洪安全，《孔孟學報》44 期，民國 71 年 9 月。

28. 〈劉安政治思想（一）〉，謝秀琴，《民主憲政》五六卷 4 期，民國 73 年 8 月。

29. 〈劉安政治思想（二）〉，謝秀琴，《民主憲政》五六卷 5 期，民國 73 年 9 月。

30. 〈劉安政治思想（三）〉，謝秀琴，《民主憲政》五六卷 6 期，民國 73 年 10 月。

31. 〈劉安政治思想（四）〉，謝秀琴，《民主憲政》五六卷 7 期，民國 73 年 11 月。

32. 〈淮南鴻烈的內容體系與價值〉，陳麗桂，《中華文化復興月刊》十八卷 4 期，民國 74 年 4 月。

33. 〈兩漢儒生與經學——陰陽五行及其體系〉，邴芷人，《中華文化月刊》74 期，民國 74 年 12 月。

34. 〈關於「黃帝之學」、〈黃帝四經〉產生時代考證〉，趙吉惠，《哲學與文化》十七卷 12 期，民國 77 年 12 月。

35. 〈淮南子與法家的法論比較〉，王讚源，《中華文化復月刊》二二卷 3 期，民國 78 年 3 月。

36. 〈淮南子的辯證思想〉，陳遠寧，《中國文化月刊》114 期，民國 78 年 4 月。

37. 〈道家「無」的智慧與儒道之間的一些關聯〉，蔡仁厚，《中國文化月刊》115 期，民國 78 年 5 月。

38. 〈大學、中庸與儒家、黃老關係之初探〉，莊萬壽，《國文學報》18 期，民國 78 年 6 月。

39. 〈戰國末秦漢之際黃老學說之探討〉，高祥，《師大國文研究所集刊》33 期，民國 78 年 6 月。

40. 〈老子與黃老——轉變中的道家思想〉，汪惠敏，《輔仁學誌》18 期，民國 78 年 6 月。

41. 〈為「牟先生對儒家與道家天道觀所判定之形態」作註——「儒家與道家之天道觀其涵義」摘要〉，朱維煥，《鵝湖月刊》十五卷 8 期，民國 79 年 2 月。

42. 〈《淮南子》與《春秋繁露》的同異沈浮——兼論西漢中期統治思想的轉變〉，李宗桂，《鵝湖月刊》十五卷 10 期，民國 79 年 4 月。

43. 〈漢初經濟概況暨賈誼之經濟論〉，徐麗霞，《實踐學報》21 期，民國 79 年 6 月。

44. 〈漢初黃老思想中的法家傾向〉，林聰舜，《漢學研究》八卷 2 期，民國 79 年 12 月。

45. 〈秦漢之際的黃老學派（上）〉，趙雅博，《中國國學》20 期，民國 81 年 11 月。

46. 〈老子思想中之「有」與「無」〉，陳貞吟，《中國國學》20 期，民國 81 年 11 月。

47. 〈陰陽家之思想及其對漢代經學之影響〉，江乾益，《興大文史學報》23 期，民國 82 年 3 月。

48. 〈《淮南子》神話與古代地理知識的探討——「共公」與「女媧」神話地理〉，高麗珍，《國立僑生大學先修班學報》1 期，民國 82 年 7 月。

49. 〈秦漢之際的黃老學派〉，趙雅博，《中國國學》21 期，民國 82 年 11 月。

50. 〈黃老思想的體現——西漢黃老治術的雙重性格與重要人物的道法傾向〉，陳麗桂，《中國學術年刊》15 期，民國 83 年 3 月。

51. 〈西漢形上學的奇葩——易緯氣化宇宙思想體系的形成及義蘊〉，高懷民，《東吳哲學傳習錄》3 期，民國 83 年 5 月。

52. 〈「雜家的基本思想」初探——以《呂氏春秋》和《淮南子》爲例〉，劉醇鑫，輔大中研所學刊 3 期，民國 83 年 6 月。

53. 〈漢初黃老思想下「禮法」合流之探討析〉，詹哲裕，《復興岡學報》52 期，民國 83 年 9 月。

54. 〈先秦兩漢儒家思想內在轉化之研究〉，陳福濱，《哲學與文化》二一卷 9 期，民國 83 年 9 月。

55. 〈天道思想在中國文化中的回顧與展望〉，張振東，《哲學與文化》二一卷 9 期，民國 83 年 9 月。

56. 〈由老莊的「道」看內在性與超越性問題〉，李震，《哲學與文化》二一卷 9 期，民國 83 年 9 月。

57. 〈從西周到漢初經濟制度暨思想之寅變〉，侯家駒，《漢學研究》十二卷 2 期，民國 83 年 12 月。

58. 〈兩漢之際的儒生與老莊學〉，王卡，《宗教哲學》季一卷 1 期，民國 84 年 1 月。

59. 〈一陰一陽之謂道——宇宙基本法則之探討〉，張立德，《宗教哲學》一卷 1 期，民國 84 年 1 月。

60. 〈試論六朝「傳神論」與《淮南子》形神思想的關係〉，陳明昌，《成大論文發表》，民國 84 年 4 月 21 日。

61. 〈《淮南子》的天地演化說〉，溫韌，《中國文化月刊》186 期，民國 84 年 4 月。

62. 〈《淮南子》認識論〉，丁原明，《哲學與文化》二二卷 6 期，民國 84 年 6 月。

63. 〈當代天人之學研究的新方向──反省與重建〉，巨克毅，《宗教哲學》二卷 1 期，民國 85 年 1 月。

64. 〈試論莊荀二子天人觀念之異同〉，許麗芳，《孔孟月刊》三四卷 5 期，民國 85 年 1 月。

65. 〈近年黃老學說研究情形述議〉，鄭國瑞，《第一屆南區四校中文系研究生論文研討會》，民國 85 年 4 月 28 日。

66. 〈國古代自然義的天的演變及天道觀的不同涵義〉，李杜，《新亞書院學術年刊》19 期。

67. 〈先秦諸子對天的看法（上）〉，許悼雲，《大陸雜誌》十五卷 2 期。

68. 〈淮南子兵略訓「彗星出」與高誘注「太歲在寅」之評論〉，周法高，《中央研究院歷史語言所集刊・附錄》。

69. 〈中國哲學中之形神論思想（一）〉，劉見成，《中國文化月刊》。

70. 〈中國哲學中之形神論及其問題〉，劉見成，《中國文化月刊》。

附錄：論漢初學術發展之因由

前　言

　　漢初，黃老〔註1〕思想盛行，由《史記‧外戚世家》言掌權的竇太后「好黃帝、老子言，帝及太子諸竇不得不讀黃帝、老子，尊其術。」這一段話可以看出來當時黃老道家之學非常盛行。然而漢初黃老之道家思想並不完全等同於先秦老莊之道家思想，即司馬談〈論六家要旨〉所言「其爲術也，因陰陽之大順，采儒墨之善，撮名法之要，與時遷移，應物變化」、「采儒墨之善，撮名法之要」；即說明漢初的黃老道家思想實已摻雜了「陰陽儒墨名法」：陰陽家「序四時之大順，不可失也」；儒家「序君臣父子之禮，列夫婦長幼之別，不可易也」；墨家「彊本節用，不可廢也」；法家「正君臣上下之分，不可改矣」；名家「正名實，不可不察也」〔註2〕。這反映了當時的學術風氣應是百花綻放，包容各家學說意見，學術文化朝多元化發展的時期；直至武帝獨尊儒術，罷黜百家，以政治力量統疇學術導向，才形成學術文化朝單一軌道發展的形勢。本文主要是從《史記》與《漢書》的記載來看漢武帝獨尊儒術之前的西漢，論其學術概況的發展因由，分爲「黃老思想盛行」、「儒家思想式

〔註1〕「黃老」一詞，歷來學者即爭論不休，大抵有二種說法：一是將黃老分開，「黃」是黃帝，「老」是老子；二是將黃老視爲一種新的學說，即稱爲「黃老道家」。所謂黃老道家是在理論內容上對先秦的道家有所承繼，並且吸收了陰陽儒墨名法各家學說的精華，其形成於戰國末期與秦漢之際，而興盛於西漢初期。由《史記》中的〈曹相國世家〉、〈陳丞相世家〉、〈老子韓非列傳〉、〈孟子荀卿列傳〉、〈樂毅列傳〉、〈儒林列傳〉等等數十篇出現「黃老」或「黃帝老子」的連稱，可知黃老道家思想在漢初的盛況。

〔註2〕《史記‧太史公自序》。

微」、「陰陽五行廣布」及「刑名法制運作」四個部分來探究。

一、黃老思想盛行

大抵而言，從西元前二〇六年，漢高祖劉邦即位，至武帝建元六年（西元前135年）竇太后死，翌年元光元年（西元前134年），武帝採董仲舒〈賢良對策〉建議〔註3〕，獨尊儒術，罷黜百家為止，前後約七十年光景，可稱之為「黃老時期」，黃老思想在此時不僅是政治的指導，更形成了一股社會風潮，其盛行之因可歸納為二點：

（一）執政者之提倡

首先將黃老思想正式落實來指導政治的是惠帝時齊丞相曹參，《史記·曹相國世家》記載：

> 孝惠帝元年，除諸侯相國法，更以參為齊丞相。參之相齊，齊七十城。天下初定，悼惠王富於春秋，參盡召長老諸生，問所以安集百姓，如齊故（俗）諸儒以百數，言人人殊，參未知所定。聞膠西有蓋公，善治黃老言，使人厚幣請之。既見蓋公，蓋公為言治道貴清靜而民自定，惟此類具言之。參於是避正堂，舍蓋公焉。其治要用黃老術，故相齊九年，齊國安集，大稱賢相。

《史記·樂毅列傳》中更記載了曹參的師承關係：

> 樂臣公學黃帝、老子，其本師號曰河上丈人，不知其所出。河上丈人教安期生，安期生教毛翕公，毛翕公教樂瑕公，樂瑕公教樂臣公，樂臣公教蓋公。蓋公教於齊高密、膠西，為曹相國師。

我們並不知道在當時有多少類似的承傳支系，但是從曹參任齊相九年，「齊國安集」的情況來看，可以得知曹參是個成功落實黃老思想於政治運作的人。後來他代蕭河為漢相，以「清靜而民自定」的治術，流傳了「蕭規曹隨」的美談。

再者，促進黃老思想大力盛行的應屬文帝之后竇氏。竇后本身非常喜好黃老思想，更令太子及其子弟都得研讀黃老的書籍，其在朝廷中曾供養了一位精通黃老學說的處士王生，在一次的公卿大會，王生的襪帶鬆了，回頭叫

〔註3〕《漢書·董仲舒傳》：「春秋大一統者，天地之常經，古今之通誼也。今師異道，人異論，百家殊方，指意不同，是以上亡以持一統；法制數變，下不知所守。臣愚以為諸不在六藝之科孔子之術者，皆絕其道，勿使並進。邪辟之說滅息，然後統紀可一而法度可明，民知所從矣。」

當時最高執法官張釋之爲他結襪，而張釋之也爲他結襪了。王生解釋此行爲：

> 吾老且賤，自度終亡益於張廷尉。廷尉方天下名臣，吾故卿使結襪，
> 欲重之。（《漢書・張馮汲鄭傳》）

後「諸公聞之，賢王生而重釋之」（同上）。受到一位黃老大師的賞識，能夠提高一位公卿大夫的身價，可知當時倚著竇后的黃老思潮，地位是如何崇高。武帝初，竇后仍掌握大權，黃老思想當然是主導政治的力量，直到建元六年竇后過世，武帝採董仲舒的建議，才將儒術搬上檯面，可見黃老思想在漢初影響之深遠。

（二）社會之需求

歷經戰國二百餘年〔註4〕的紛擾併爭，秦朝十五年的苛政嚴刑，加以楚漢八年的戰禍綿延，當時高祖所得的天下，是「肝腦塗地，父子暴骨中野，不可勝數，哭泣之聲，傷痍者未起」〔註5〕，《漢書・食貨志》上也說：

> 漢興，接秦之敝，諸侯並起，民失作業，而大饑饉。凡米石五千，
> 人相食，死者過半。高祖乃令民得賣子，就食蜀漢。天下既定，民
> 亡蓋臧，自天子不能具醇駟，而將相或乘牛車。

這段記載充分刻劃出當時百姓的生活是如何困苦，民生是如何凋敝，即使是貴爲天子亦不能駕馳鈞色的駟馬，將相諸侯也只能乘牛車，經濟的殘破可見一斑。在這樣的環境下確實是須要休養生息，因此黃老的無爲清簡政策正是此時最佳的選擇。

文帝對黃老的熱心，雖然不及竇太后，但是他的行事卻是奉守著老子的三寶〔註6〕，《漢書・文帝紀・讚》：

> 孝文皇帝即位二十三年，宮室苑囿車騎服御無所增益。有不便，輒
> 弛以利民。嘗欲作露臺，召匠計之，直百金。上曰：「百金，中人十
> 家之產也。吾奉先帝宮室，常恐羞之，何以臺爲！」身衣弋綈，所
> 幸慎夫人衣不曳地，帷帳無文繡，以示敦朴，爲天下先。治霸陵，

〔註4〕 舊史以周威烈王二十三年（西元前403年），韓趙魏三家分晉，列爲諸侯，與
　　　　秦楚燕齊共爲七國起，至秦始皇二十六年（西元前121年）統一中國止，爲
　　　　戰國時代。今多以西元前475年（周元王元年）至西元前121年爲戰國時代。
　　　　當時各諸侯大國連年交戰，因而得名。
〔註5〕 《史記・劉敬叔孫通列傳》。
〔註6〕 《老子》六十七章：「我有三寶，持而保之。一曰慈，二曰儉，三曰不敢爲天
　　　　下先。慈故能勇，儉故能廣，不敢爲天下先，故能成器長。」

皆瓦器，不得以金銀銅錫為飾，因其山，不起墳。

這是文帝奉行老子三寶的其中一寶——「儉」的表現，太史公稱讚文帝清簡，在位二十三年，竟然宮室、苑囿、車騎、服御都沒有增加，連造一個露臺都因為所費是十戶中等家庭的資產而作罷。這種不願擾民，不肯增加百姓的負擔，正是文帝將其所遵從的黃老精神內化於生命本質中。

漢初的開國君臣明白「困擾過的老百姓，需要的是休息；威逼過的老百姓，需要的是安靜；橫征暴斂過的老百姓，需要的是薄賦」〔註7〕，因此採取黃老思想的無為清簡政策，「徹上徹下，以清儉為天下示範，以簡馭繁，以定馭疲，以易馭難」〔註8〕。終於從「老弱轉糧饟，作業劇而財匱」〔註9〕蕭條殘敗的經濟景象，歷經高祖、惠帝、呂后、文、景五朝的休養生息之後，到武帝時已「非遇水旱之災，民則人給家足，都鄙廩庾皆滿，而府庫餘貨財。京師之錢累巨萬，貫朽而不可校。太倉之粟陳陳相因，充溢露積於外，至腐敗不可食。眾庶街巷有馬，阡陌之間成群，而乘字牝者儐而不得聚會。」〔註10〕富裕景象。這種從無到有，從有到剩，正是黃老思想在漢初徹底與民休養生息最好的證明。

綜合以上可知黃老思想在漢初盛行的緣由，一方面是經過秦末紛亂與楚漢相爭，此時的天下殘破不堪，民不聊生，而黃老思想的清簡無為，與民休養，正是恢復經濟最好的時機；另一方面，因為執政者的喜好而大力提倡，終於締造了享譽史壇的「文景之治」。

二、儒家思想式微

儒家思想在漢初可說是弱勢者，雖有陸賈、叔孫通等人提倡，然而只是慘淡經營，並未受到青睞，直到武帝採董仲舒「獨尊儒術」建議，使儒學從此成為中國學術的主流，長達二千餘年。究竟在漢初式微之因，大致上有二點：

（一）秦火之厄

就政治而言，漢初雖承繼秦朝的統治權；然學術則無所承繼，其因不外乎震驚古今的「焚書坑儒」事件。秦始皇採用丞相李斯之言，廢除百家之學，

〔註7〕 榮翰《秦漢史·序》，中國文化學院，69 年。
〔註8〕 同前註。
〔註9〕 《史記·平準書》。
〔註10〕 同前註。

令百姓「以吏爲師」，除醫藥、卜筮、種樹之書外，其餘書籍皆禁止百姓收藏，並下令焚毀百姓所藏之書，此即所謂「秦火之厄」。

事件發生在秦始皇爲政第三十四年，原本只是僕射周青臣與博士淳于越在爭論郡縣與封建的利弊，然憎惡儒生的李斯，卻趁機慫恿秦始皇禁「私學」，而其具體方法竟是「焚書」：

> 今天下已定，法令出一，百姓當家則力農工，士則學習法令辟禁。今諸生不師今而學古，以非當世，惑亂黔首。丞相臣李斯昧死言：古者天下散亂，莫之能一，是以諸侯並作，語皆道古以害今，飾虛言以亂實，人善其所私學，以非以上之所建立。今皇帝并有天下，別黑白而定一尊。私學而相與非法教，人聞令下，則各以其學議之，入則心非，出則巷議，夸主以爲名，異取以爲高，率群下以造謗。如此弗禁，則主勢降乎上，黨與成乎下。禁之便。臣請史官非秦記皆燒之。非博士官所職，天下敢有藏詩、書、百家語者，悉詣守、尉雜燒之。有敢偶語詩書者棄市。以古非今者族。吏見知不舉者與同罪。令下三十日不燒，黥爲城旦。所不去者，醫藥卜筮種樹之書。若欲有學法令以吏爲師。（《史記·秦始皇本紀》）

「私學」是學術自由發展的媒介，難免引發對政治之策的批評，也必然引起執政者的不悅；當時最常批評時政的就是儒生，因此李斯建議廢除私學，並焚毀儒生所閱讀的《詩》、《書》，以控制天下的思想，不容許有其他與執政者不同的聲音存在。然而廢除私學即消滅一切的學術思想，李斯藉著政治的殘酷手段迫害儒生，扼止學術的發展，這種企圖在一統政權之後，又妄想進一步統一國家文化思想的發展，是促使國家走向毀滅之途的「最佳捷徑」，無怪乎秦始皇在批准焚書建議的七年後即亡國了！

焚書之後，民間挾書成爲禁忌，因此有人攜簡帶策逃匿於山間，或將其藏於牆壁內，此時秦宮官藏的圖書尚能保存；後來楚漢之爭，秦宮爲項羽燒毀，民間所藏的書籍也因戰亂而所剩無幾了。

漢初雖有叔孫通頒定朝儀，然「有敢偶語詩書者棄市」的可怕陰影，在學者心目中一時仍揮之不去，且天下所藏之詩書幾乎蕩然無存，而平民出身的漢帝又對儒家的繁文縟節倍感厭煩。在這樣的環境下，儒家難以有一丁點地位，直到惠帝四年，才除「挾書律」〔註11〕，儒家學術的傳承始現一線曙光。

〔註11〕 《漢書·惠帝紀》：「三月甲子，皇帝冠，赦天下。省法令妨吏民者；除挾書律。」

（二）黃老之盛

儒家思想在漢初式微的另一因是黃老之學盛行，漢初君臣重視黃老清簡無爲的思想，雖然有陸賈和叔孫通等大力提倡儒學，但終就寡不敵眾。茲舉二例，以明漢朝的開國君主心喜簡易的黃老思想，而厭惡儒學的概況：

> 賈時時前說稱詩書。高帝罵之曰：「乃公居馬上得之，安事詩書！」賈曰：「馬上得之，寧可以馬上治乎？」且湯武逆取而以順守之，文武並用，長久之術也。昔者吳王夫差、智伯極武而亡；秦任刑法不變，卒滅趙氏。鄉使秦以并天下，行仁義，法先聖，陛下安得有之？」高帝不懌，有慚色，謂賈曰：「試爲我著秦所以失天下，吾所以得之者，及古成敗之國。」賈凡著十二篇。每奏一篇，高帝未嘗不稱善，左右呼萬歲，稱其書曰新語。（《漢書‧酈陸朱劉叔孫傳》）

> 高帝悉去秦儀法，爲簡易。群臣飲爭功，醉或妄呼，拔佛擊柱，上患之。通知上益厭之，說上曰：「夫儒者難與進取，可與守成。臣願徵魯樂，三王不同禮。禮者，因時世人情爲之節文者也。故夏、殷、周禮所因損益可知者，謂不相復也。臣願頗采古禮與秦雜就之。」

> 上曰：「可試爲之，令易知，度吾所能行爲之。」（同上）

由上述二例可知高祖雖稱讚陸賈的《新語》，並採用叔孫通所制定的朝儀，然打從心底依然是瞧不起儒家思想的。前者取得天下是「馬上得之」的戰士，而非「安事詩書」的儒生；後者對儒家的繁禮，心存畏懼，雖然後來叔孫氏所定之朝儀使高祖「吾乃今日知爲皇帝之貴也」（同上），然由此可知儒家思想欲在重清簡、厭煩瑣的漢初立足，是很難的了。

三、陰陽五行思想廣布

陰陽之學出於羲和之官，《尚書‧洪範》始有五行之說。中國諸子百家學術中，陰陽家思想可謂源遠流長，亦是影響後世民間最大的學術。從《史記》與《漢書》的記載，可知其概況：

> 嘗竊觀陰陽之術，大祥而眾忌諱，使人拘而多所畏；然其四大順，不可失也。……夫陰陽四時、八位、十二度、二十四節各有教令，順之者昌，逆之者不死則亡，未必然也，故曰「使人拘而多畏」。夫春生夏長，秋收冬藏，此天道之大經也，弗順則無以爲天下綱紀，故曰「四時之大順，不可失也」。（〈論六家要旨〉）

> 雖然，禍不妄至，福不徒來，天地合氣，以生百財。陰陽有分，不
> 離四時，十有二月，日至爲期。(《史記‧龜策列傳》)

> 陰陽家者流，蓋出於義和之官，敬順昊天，歷象日月星辰，敬授民
> 時，此其所長也。(《漢書‧藝文志》)

中國自古以農立國，農人感觸最深莫過於四季的變化。由上述可知漢代陰陽
五行的思想配合一年四季，也配合二十四節氣，從而生演出「春生、夏長、
秋收、冬藏」。而這個觀念則是建立在陰陽結合的變化上：

> 春時，陽始長，陰始消，萬物得陽而萌生；⋯⋯夏時，陽極盛，陰
> 極衰，萬物因陽而茂盛；⋯⋯秋時，陽始消，陰始長，萬物遇陰而
> 零落；⋯⋯冬時，陽極衰，陰極盛，萬物遭陰而凋殘；⋯⋯（羅光
> 《中國哲學大綱》上 P27 商務）

世皆以戰國騶衍爲陰陽家之祖〔註12〕，《史記‧孟子荀卿列傳》有一小段簡述
騶衍陰陽五行之說：

> 騶衍睹有國者益淫侈，不能尚德，若大雅整之於身，施及黎庶矣。
> 乃深觀陰陽消息而作怪迂之變，終始、大聖之篇十餘萬言。其語閎
> 大不經，必先驗小物，推而大之，至於無垠。先序以上至黃帝，學
> 者所共術，大並世盛衰，因載其機祥度制，推而遠之，至天地未生，
> 窈冥不可考而原也。先列中國名山大川，通谷禽獸，水土所殖，物
> 類所珍，因而推之，及海外人所不能睹。稱引天地剖判以來，五德
> 轉移，治各有宜，而符應若茲。以爲儒者所謂中國者，於天下乃八
> 十一分居其一分耳。

〈孟荀列傳〉所述騶衍學說爲「觀陰陽消息」，推測機祥「稱引天地剖判以來，
五德轉移，治各有宜」；其陰陽指天道變化，消息指盛衰而言，人稟天地之氣以
或「運氣」〔註13〕。五德即五行：木火土金水，五行相生相剋，循環相勝，如

〔註12〕其實先秦典籍已有透露陰陽五行思想，如《中庸》第二十四章：「國家將興，
必有禎祥；國家將亡，必有妖孽。見乎蓍龜，動乎四體。禍福將至，善，必
先知之；不善，必先知之。」《論語‧子罕》：「鳳鳥不至，河不出圖，吾已矣
夫。」《易‧繫辭上》：「易有太極，太極生兩儀，兩儀生四象，四象生八卦。」
其他如《尚書》、《禮記》、《左傳》、《國語》等等皆有陰陽五行言語的紀載。
因此陰陽思想並非始自騶衍。大凡一種思想學說，必有一段蘊釀時期，至時
機成熟時，即大放光明，而騶衍正逢此成熟時期，因而被推爲陰陽家始祖。
〔註13〕周紹賢《漢代哲學》P36，中華。

木生火，火生土，土生金，金生水，水生木，木又生火，此爲相生之序；而木剋土，土剋水，水剋火，火剋金，金剋木，木又剋土，此爲相剋之序。這原是騶衍「尙德」的主張，後來卻演變爲災異吉凶的陰陽五行之說。這套陰陽五行在戰國末期已大爲流行，到了秦漢則廣受歡迎，西漢大儒如董仲舒、京房、劉向等，莫不受其影響，多以五行生剋之說經、證經。是以漢武帝雖獨尊儒術，然陰陽五行思想已是無孔不入了〔註14〕。究其陰陽五行在漢初廣布之因如下：

（一）君主崇尚

漢代君主大都迷信，以高祖爲例，其爲亭長時，曾夜行澤中，因大蛇當道而拔劍斬之，遂有「白帝子爲赤帝子所斬」〔註15〕之謠，後爲沛公，爲附和斬白帝子的謠傳，旗幟皆爲紅色；翌年「東擊項籍而還入關，問：『故秦時上帝祠何帝也？』對曰：『四帝，有白、青、黃、赤帝之祠。』高祖曰：『吾聞天有五帝，而有四，何也？』莫知其說。於是高祖曰：『吾知之矣，乃待我而具五也。』乃立黑帝祠，命曰北畤。」〔註16〕黑是水色，高祖欲以水德自居，因而北平侯張蒼「推五德之運，以爲漢當水德之時，尙黑如故」〔註17〕，如此，一來符合高祖立黑帝祠，二來認爲秦得天下僅十四年即亡，可不承認其帝位，漢才是承周朝而建立的王朝〔註18〕。

〔註14〕 儒家思想在兩漢的陷落，其來有自：其一倡導獨尊儒術的董仲舒，其主要學術著作《春秋繁露》即充滿陰陽五行思想；其二由註12可知先秦儒家典籍已蘊含陰陽五行的觀念，埋下儒家思想與陰陽思想容易相混的導火線；其三司馬遷將騶衍與儒家代表人物孟子、荀子合傳，定有其道理，戰國末期已有部分儒生轉爲他家思想，如李斯由儒家轉爲法家，離戰國時期不遠的西漢，司馬遷將騶衍尙歸在儒家，到東漢陰陽思想已如火火如荼在各學術界漫延，班固便將其著作《鄒子》四十九篇及《鄒子終始》五十六篇歸在「陰陽家」著作中；其四爲何儒家在董仲舒倡導獨尊之後，反而陷落了？因爲「獨尊」則無法與其派競爭，也無法吸收其長處，而一些想獲得博士的讀書人，爲了表示研究有成，只好標新立異，製造了許多陰陽災異的書，首當其衝的便是儒家典籍，如六經便有所謂的《易緯》、《書緯》、《詩緯》等等。在此情況下，儒家思想可不陷落？

〔註15〕 《史記·封禪書》：「漢興，高祖之微時，嘗殺大蛇。有物曰：『蛇，白帝子也，而殺者赤帝子。』」

〔註16〕 同前註。

〔註17〕 《史記·張丞相列傳》。

〔註18〕 《呂氏春秋·應同篇》：「黃帝之時，天先見大螾大螻，黃帝曰『土氣勝』，土氣勝，故其色尙黃，其事則土。及禹之時，天先見草木秋冬不殺，禹曰『木氣勝』，木氣勝，故其色尙青，其事則木。及湯之時，天先見鈒於水，湯曰『金

　　漢初對經濟恢復頗有貢獻的文帝，也是個迷信之徒。其僅因夜裡夢見黃頭郎推他上天，便封以黃巾包頭的鄧通為上大夫〔註19〕，且徘徊在五行終始而猶豫是否該改制；博士賈誼「以為漢興至孝文二十餘年，大卜洽和，而固當改正朔，易服色，法制度，定官名，興禮樂，乃悉草具其事儀法，色尚黃，數用五，為官名，悉更秦之法」〔註20〕，所以主張漢滅秦，應以土德王，因為秦統一天下，雖然僅十四年即亡，但是如果自莊襄王滅周，至孺子嬰降漢，也有四十三年，這是不能忽視的，當時文帝並沒有採納。後來公孫臣亦主張以土德王：「始秦得水德，今漢受之，推終始傳，則漢當土德，土德之應黃龍見。宜改正朔，易服色，色尚黃。」〔註21〕然當時張蒼為丞相，卻主張漢乃水德，因此公孫臣的建議亦不為文帝接受，後來黃龍見於成紀，文帝雖拜公為博士，但仍未依其建議而決定改制之事，直到武帝才正式改制，以土德王，色尚黃。

　　貴為天子猶如此迷信，更何論一般平民百姓。高祖尚且順從謠傳，以自己的認知立黑帝祠；而文帝因眾人之說皆有理，反不知所從，可見當時陰陽五行在漢初廣布的情形，至西漢末更是氾濫到極點。

（二）秦火助長

　　陰陽思想在漢初廣布，另一因是秦火的助長。上述言秦始皇焚書，只留「醫藥、卜筮、種樹」三類書，而《易》本為占卜之書，其否泰循環之理與陰陽五行生剋之說頗為近似，傳承自然較之他書盛，《漢書・儒林傳》云：

　　　　及秦禁學，獨不禁，故傳受者不絕也。

而熟習《易》甚至還可以為官：

───────────────────────────

氣勝』，金氣勝，故其色尚白，其事則金。及文王之時，天先見火，赤烏銜丹書集於周社，文王曰『火氣勝』，火氣勝，故其色尚赤，其事則火。代火者必將水，天且先見水氣勝，水氣勝，故其色尚黑，其事則水。」《呂氏春秋》列舉黃帝、夏、商、周四代的興替，認為其分別是木代土、金代木、火代金，從中預言水德將取代周之火德。《史記・秦始皇本紀》記載：「始皇推終始五德之傳，以為周得火德，秦代周德，從所不勝。方今水德之始，改年始，朝賀皆自十月朔。」然而高祖認為秦得天下僅十四年，因而漢高祖認為自己才是承周之水德。

〔註19〕《史記・佞幸列傳》：「孝文帝夢欲上天，不能，有一黃頭郎從推之上天，顧見其衣裻帶後穿。覺而漸臺，以夢中陰目求推者郎，即見鄧通，其衣後穿，夢中所見也。召問其名姓，姓鄧氏，名通，……於是文帝賞賜通巨萬以十數，官至上大夫。」

〔註20〕《史記・屈原賈生列傳》。

〔註21〕《史記・封禪書》。

> 漢興，田何以齊田徒杜陵，號杜田生，授東武王同子中、雒陽周王
> 孫、丁寬、齊服生，皆著易傳數篇。同授淄川楊何，字叔元，元光
> 中徵爲太中大夫。齊即墨成，至城陽相。廣川孟但，爲太子門大夫。
> 魯周霸、莒衡胡、臨淄主父偃，皆以易至大官。要言易者本之田何。
> （同上）

可見漢初學《易》所受的禮遇，相對地，《易》爲占卜對於陰陽思想的廣布有
推波助瀾之勢。

四、刑名法制運作

前述漢初基於暴秦苛法之弊，與長年征戰，民生經濟殘破不堪的迫切需
要，不得不走向黃老清靜無爲之路。但就另一方面而言，漢初承秦制，其統
治作風不免有秦朝法家嚴厲政治的翻版。因此所謂的黃老之術，即表面上實
行道家無爲政策，實際上卻是以法家的刑名爲手段工具。這看來似乎是矛盾
的，黃老無爲政策如何能與法家刑名作風並存？由以下二點我們可以得知兩
者確實可以並存，且成爲漢初特殊的政治現象。

（一）秦制遺風

《史記·蕭相國世家》：

> 沛公至咸陽，諸將皆爭走金帛財物之府分之，何獨先入收秦丞相御
> 史律令圖書藏之。沛公爲漢王，以何爲丞相。項王與諸侯屠燒咸陽
> 而去。漢王所以具天下塞，戶口多少，彊弱之處，民所疾苦者，以
> 何具得秦圖書也。

榮榦先生曾如此稱讚蕭何：「在漢高帝功臣之中，蕭何並無汗馬功勞，但被列
爲元功之首，這是有道理的。……他明習秦代的法令，通達秦代的制度；到
咸陽以後，他立即收取秦的圖籍，這一點除去保存文化的功勳不說，對於漢
代建國的利用上，價值卻非常大。它包含了軍用地圖，包含了人口、賦稅、
倉庫儲存數目字的統計，它包含了秦國的全部法典。……劉邦起自楚國，當
他初入秦時，部下的官制還是漢式的，但當他做了漢王之後，他就全改成爲
秦式的組織。顯然的，是從蕭何的設計，使劉邦有繼承秦帝國的宏願。……
尤其是以秦律爲模範的漢律。」〔註22〕這是漢承秦法的初步情況，以漢初全

〔註22〕《秦漢史》P21。

國殘破疲弊之狀，無爲政策是最佳選擇，不應企圖再對百姓有所新立法，讓百姓無所適從；秦法雖然因過於嚴苛而導致亡國，然其讓漢有「法」可循，順利地與民充分休生養息，卻是有著某種程度上的意義。

曹參爲人所稱頌尤爲是「舉事無所變更，壹遵何之約束」〔註 23〕，而蕭何所作的《九章》〔註 24〕則帶有濃厚的秦法色彩，即曹參一方面打著清靜無爲的旗幟，另一方面則執行刑名法制的治術。

漢代的律法政令既然是承襲秦制而來，必然存在著一定程度的嚴厲成分，因此即使歷經高、惠、呂后、文、景五朝的努力緩省，一時之間仍然無法盡除秦法的苛刻。高祖一入關便與人民約法三章「殺人者死，傷人及盜抵罪」〔註 25〕，後「雖有約法三章，網漏吞舟之魚，然其大辟，尚有夷三族之令。令曰：『當三族者，皆先黥、劓、斬左右止，笞殺之，梟其首，菹其骨肉於市。其誹謗詈詛者，又先斷舌。』故謂之具五刑」〔註 26〕，直到高后元年，才除三族罪、袚言令〔註 27〕。文景治國雖然一再寬緩，然仍具有嚴苛的一面。文帝十三年雖因緹縈救父而廢除肉刑，卻奏准丞相張蒼、御史大夫馮敬的建議：

> 當黥者，髡鉗爲城旦春；當劓者，笞三百；當斬左止者，笞五百；
> 當斬右止，……皆棄市。（〈刑法志〉）

事實上這只是「外有輕刑之名，內實殺人」〔註 28〕的虛名，斬右足者改判死刑，比原先刑法嚴重，而劓刑者與當斬左足者往往受不了笞三百與笞五百的痛楚，未即已死。此印證文帝「本好刑名之言」，而景帝的嚴酷刻薄更甚於文帝，其雖在至中六年下詔：

> 加笞者，或至死而笞未畢，朕甚憐之。其減笞三百曰二百，笞二百
> 曰一百。又曰：「笞者，所以教之也，其定箠令。」（〈刑法志〉）

甚至採丞相劉舍、御史大夫衛綰奏請「笞者，箠長五尺，其本大一寸，其竹也，末薄半寸，皆平其節。當笞者笞臀。毋得更人，畢一罪乃更人」（同人），刑法至此確已十分寬容，然景帝重用酷吏郅都與寧成〔註 29〕，使得宗室豪傑惴恐不

〔註 23〕《漢書‧蕭何曹參傳》。
〔註 24〕《漢書‧刑法志》：「相國蕭何攈摭秦法，取其宜於時者，作律九章。」
〔註 25〕同前註。
〔註 26〕同註 24。
〔註 27〕同註 24。
〔註 28〕同註 24。
〔註 29〕《史記‧酷吏列傳》：「郅都者，楊人也。以郎事孝文帝。孝景時，都爲中郎將，敢直諫，面折大臣於朝。……是時民朴，畏罪自重，而都獨先嚴酷，致

已，晁錯為鞏固中央集權而不惜己身生命，建議景帝採「削藩」政策，其下場卻因為景帝欲阻塞諸侯之口而「衣斬東市」〔註30〕；至於平定「七國之亂」有功的周勃，竟因「君侯縱不反地上，即欲反地下耳」的罪名，絕食而死〔註31〕。景帝的嚴苛看來是不亞於文帝了。

由此可見漢初表面上是以黃老無為來與民休養生息，但另一方面卻因承秦遺風而以刑名法制來治國。其實若鑑於秦朝的亡國是由於苛政，高祖立國本不應當以法立教，然法有其實用性、約束性及特殊性，有其存在的必要。以應時代需求的無為，配合循名責實的執政辦法，既可以避免嚴而少恩的缺失，亦可吸收法家君臣上下職分的優點，形成漢初以「無為」為手段，以「治」為目地的特殊政治風貌。

（二）道法合一

《史記》一書將老子與韓非並列一傳，且論及韓非、申不害、慎到等法家人物，皆本於黃老：

> 韓非者，喜刑名法術之學，而其歸本於黃老。（〈老子韓非列傳〉）

> 申子之學本於黃老而主刑名。（同上）

> 慎到，……學黃老道術之術，因發明序其指意。（〈孟子荀卿列傳〉）

上述引文我們並不能確定法家思想的三位重要人物，其思想是否源自於黃老，因為此說若是成立，則黃老思想即成為法家思想的鼻祖〔註32〕，但是我們可以確知黃老與刑名之間必定有相當程度的關係。

所謂「刑名」，即形名。形，指事物的形態；名，指事物的名稱。形名是指事物外在的「形」與其「名」相合，陳鼓應先生認為此主張最早出自春秋時鄭國大夫鄧析「好刑名，操兩可之說，設無窮之辭」〔註33〕，然而春秋時

行法不避貴戚，列侯宗室見都側目而視，號曰『蒼鷹』。……寧成者，穰人也。以郎謁者事景帝。好氣，為人小吏，必陵其長吏，為人上，操下如束溼薪，……郅都死，後長安左右宗室多暴犯法，於是上召寧成為中尉。其治郊郅都，其廉弗如，然宗室豪傑皆人人惴恐。」

〔註30〕 《史記·袁盎晁錯列傳》。

〔註31〕 《史記·絳侯周勃世家》。

〔註32〕 見林聰舜先生所撰〈漢初黃老思想中的法家傾向〉一文，其提出五點質疑司馬遷謂申韓思想本於黃老的說法，難以確立。收於《漢學研究》第八卷第二期，79 年 12 月。

〔註33〕 劉向《校序》，轉引自《黃帝四經今註今譯》P59，商務。

「刑名」並未連用，道家之書最早的《老子》雖然曾使用過「刑」、「名」的概念，但都是單詞。如五十一章：「物將刑之」，此將「物」與「刑」共文。三十二章：「始制有名」，是指道產生萬物，萬物在有了「名稱」之後卻產生了紛爭。因此我們可以知道「刑名」應是戰國以後黃老學派與法家的重要概念：

> 物固有形，形固有名。(《管子·心術上》)
>
> 凡物載名而來。(同上)
>
> 人主將欲禁姦，則審合刑名，刑名者，言與事也。爲人臣者陳而言，
> 君以其言授之事，專以其事責其功。功當其事，事當其言，則賞；
> 功不當其事，事不當其言，則罰。(《韓非子·二柄》)

而一九七三年出土的《黃帝四經》〔註34〕，其書內容有很多關於「刑名」的理論，提供了具體的線索：

> 欲知得失，請必審名察刑 (形)。刑 (形) 恆自定，是我俞 (愈) 靜。
> 事恆自巳 (施)，是我無爲。(〈十大經·名刑〉)

此以「審名察刑」切入黃老的清靜無爲，爲人臣者如果能夠審名察刑，必能名實一致，進而全權掌控事物，無爲而行自正，行正必然「言之壹，行之壹，得而勿失」〔註35〕，行之以「法」，乃成之以「道」。

《黃帝四經》「道生法」的觀念更是佐證了「道法」確是合一的：

> 道生法。法者，引得失以繩，而明曲直者殹 (也)。故執道者，生法
> 而弗敢犯殹 (也)，法立而弗敢廢 (也)。〔故〕能自引以繩，然後見
> 知天下而不惑矣。……故執道者之觀於天下殹 (也)，無執殹 (也)，
> 無處也，無爲殹 (也)，無私殹 (也)。是故天下有事，無不自爲刑
> (形) 名聲號矣。刑 (形) 名已立，聲號已建，則無所逃跡匿正矣。
> (〈經法·道法〉)

《黃帝四經》以「道生法」的觀念結合道法，將老子的「道」摻入法家法治的觀念，轉化老子消極性的無爲，而成爲法家積極性的無爲。因此執法即行

〔註34〕 1973 年 12 月，在湖南長沙馬王堆三號漢墓發掘中，發現了一批非常有價值的古代帛書，尤其是《老子》乙本卷前的古佚書〈經法〉、〈十大經〉、〈稱〉、〈道原〉四篇爲最重要，據唐蘭等學者考訂，認爲這是《漢書·藝文志》著錄已久而失傳的《黃帝四經》。見唐蘭撰〈馬王堆帛書老子乙本卷前古佚書的研究〉，收於《考古學報》1975 年第 1 期。

〔註35〕 見《黃帝四經·十大經·行守》。

道，即遵守無執、無處、無私的循法無為。

《漢書・藝文志》言道家是「君人南面之術」，可見漢代的道家思想是裹著相當濃厚的法家色彩；而道法合一亦可以避免因承秦遺風而「不別親疏，不殊貴賤，一斷於法，則親親尊尊之恩絕矣。可以行一時之計，而不可長用也」〔註36〕的缺失。因此我們可以確知漢初流行的黃老思想中，道家傾向的清無為與法家傾向的刑名法制並非矛盾，而是相融合的。

結 論

從以上得知影響漢初學術發展的因素，除了漢初社會經濟的客觀環境因素外，與執政者本身的喜好有很密切的關係。黃老思想盛行之因，一方面固然是戰國以來的經濟殘破，使得剛剛建國的漢代不得不實施與民休養的政策，另一方面也是因為執政者本身的提倡，尤其是身份地位有著舉足輕重的竇太后，更是功不可沒；而儒家思想在秦始皇「焚書坑儒」之後，便一落千丈，漢初又因為黃老思想的盛行，更顯得乏人問津，直到董仲舒建議獨尊儒術為止，才重見光明；至於陰陽五行的思想，自戰國以來在民間就廣泛流傳，到了漢代，因為君主的崇尚，更是一發不可收拾，即使到了二十一世紀的今天，對只要有中國人的地方，影響依舊；而刑名法制在漢初是不陌生的，除了是秦制遺風外，最主要還是帝王本身的殘酷心態。無論如何，漢初的學術仍是多采多姿的，漢武帝「獨尊儒術」以壓抑其他學術的發展，不見得是一件好事，因為「獨尊」就沒有競爭對象，就沒有「比較」機會，無怪乎獨尊之後的儒家思想並沒有使先秦儒術發揚光大，反而因為陰陽五行的流佈而充滿「讖緯」色彩，失去了純儒家的精神，到了魏晉，在玄學的肆虐下，更形同泡沫化；反觀獨尊前的漢代學術，各家思想各憑本事發展，相對看來是活潑多了。

參考書目

一、古籍專書（依著書年代）

1. 《管子》，周・慎到，世界，《新編諸子集成》第 5 冊。
2. 《史記》，漢・司馬遷，鼎文，79 年。
3. 《春秋繁露》，漢・董仲舒，中華，《四部備要》。

〔註36〕〈論六家要旨〉。

4. 《呂氏春秋》，漢‧高誘注，世界，《新編諸子集成》第 5 冊。

5. 《漢書》，漢‧班固，鼎文，80 年。

6. 《老子道德經注》，晉‧王弼，世界，《新編諸子集成》第 3 冊。

7. 《周易》，晉‧王弼注，藝文，《十三經注疏》。

8. 《後漢書》，劉宋‧范曄，鼎文，76 年。

9. 《尚書》，唐‧孔穎達注，藝文，《十三經注疏》。

10. 《禮記》，唐‧孔穎達注，藝文，《十三經注疏》。

11. 《四書集註》，宋‧朱熹，世界。

12. 《韓非子集解》，清‧王先謙，世界，《新編諸子集成》第 5 冊。

二、今籍專書（依作者姓氏筆劃）

1. 《中國法家哲學》，王讚源，東大，78 年。

2. 《鄒衍遺說考》，王夢鷗，商務，55 年。

3. 《先秦兩漢之陰陽五行學》，李漢三，鐘鼎，56 年。

4. 《兩漢思想史》，金春鋒，中國社會科學。

5. 《中國的四大集成思想》，周弘然，帕米爾，67 年。

6. 《漢代哲學》，周紹賢，中華，72 年。

7. 《陰陽五行說的政治思想》，孫廣德，商務，83 年。

8. 《兩漢思想史》，徐復觀，學生，65 年。

9. 《黃帝四經今註今譯》，陳鼓應，商務，84 年。

10. 《中國秦漢思想史》，張國華，人民，1994 年。

11. 《中國哲學史新編》，馮友蘭，人民，1994 年。

12. 《漢唐史論集》，傅樂成，聯經，66 年。

13. 《新編中國哲學史》，勞思光，三民，82 年。

14. 《秦漢史》，榮幹，中國文化學院，69 年。

15. 《秦漢史》，錢穆，東大，76 年。

16. 《中國政治思想史》，薩孟武，三民，58 年。

17. 《讖緯論略》，鐘肇鵬，洪葉，83 年。

三、期　刊（依作者姓氏筆劃）

1. 〈陰陽家之思想及其對漢代經學之影響〉，江乾益，《興大文史學報》23 期。

2. 〈漢初無爲治術之研究〉，安志遠，《淡江學報》13 期。

3. 〈兩漢儒生與經學 —— 陰陽五行及其體系〉，邴芷人，《中國文化月刊》

74 期。

4. 〈老子與黃老——轉變中的道家思想〉，汪惠敏，《輔仁學誌》18 期。

5. 〈漢初黃老思想中的法家傾向〉，林聰舜，《漢學研究》8 卷第 2 期。

6. 〈陰陽家的起源〉，周昌龍，《書目季刊》10 卷 4 期。

7. 〈從西周到漢初經濟制度暨思想之演變〉，侯家駒，《漢學研究》12 卷 2 期。

8. 〈兩漢之儒術〉，陶希聖，《食貨月刊》復刊 5 卷 7 期。

9. 〈漢初經濟概況暨賈誼之經濟論〉，徐麗霞，《實踐學報》21 期。

10. 〈馬王堆帛書老子乙本卷前古佚書的研究〉，唐蘭，《考古學報》1 期。

11. 〈戰國末秦漢之際黃老學說之探討〉，高祥，《師大國文研究所集刊》33 期。

12. 〈黃老思想的體現——西漢黃老思想治術的雙重性格與重要人物的道法傾向〉，陳麗桂，《中國學術年刊》15 期。

13. 〈先秦兩漢儒家思想內在轉化之研究〉，陳福濱，《哲學與文化》21 卷 9 期。

14. 〈大學、中庸與儒家、黃老關係之初探〉，莊萬壽，《國文學報》18 期。

15. 〈從儒家地位看漢代政治〉，榮榦，《中華文化復興月刊》10 卷 2 期。

16. 〈漢初黃老思想下「禮法」合流之討析〉，詹哲裕，《復興岡學報》52 期。